中国当代民间史料集刊 10

华东师范大学中国当代史研究中心 编

王守家工作笔记（1976年10月—1977年1月）

本集刊出版获得东方历史学会资助

中国出版集团 東方出版中心

出版说明

《中国当代民间史料集刊》是一套记录1949年以来中国历史的资料丛书，由本中心组织编辑。这套丛书收录的是流散于社会的各种民间文献，包括日记、笔记、记录、信函、小报、表格、账册、课本等等。与已经出版的许多中国当代史资料不同，这套丛书以反映社会底层的政治、经济、文化状况和日常生活、人际交往、家庭关系、个人境遇等为内容，为读者提供记录底层历史变迁的原始资料。

相对于中国古代和近代各种民间史料，中国当代民间史料数量更大，种类更多，抢救、发掘的难度理当比前者要小得多。但实际的情况却颇不乐观。由于在相当一段时间里政治运动频发，特别是经历过“文化大革命”以后，许多私人记录性史料大量抄没、毁坏或遗失。而各种运动过后，尤其是改革开放初期“拨乱反正”，也曾将大量个人材料交还个人处理，或由组织代为销毁。再加上单位变动频繁，过去曾经保存在单位里的各种油印资料或个人记录材料，也不断地被处理或销毁。所有这些都使得原本应该浩如烟海、取之不尽的当代民间史料，如今竟成急需抢救的“国宝”。

近十几年来，意识到并重视当代史料搜集和抢救工作的民间人士和专业研究者，已不在少数。但十分遗憾的是，这方面的工作迄今为止仍处于一种分散游击、割据自守的状况。由于收藏者多将自己搜集到的史料藏诸深山、秘不示人，从而使得原本就显得十分稀少的民间史料愈显其缺。

历史研究，关键在史料。当代史料通常有几类，一是官方档案文献；二是口述或回忆；三是影像或录音；四就是民间记录的各种文字材料了。在所有这些史料当中，官方档案的形成、留存和开放，都难免会受到时政的极大影响，因而具有很大的片面性；口述回忆史料因时过境迁，加之当事人的主观意向和记忆误差，也极易造成对历史的误读。至于影像录音之类的史料价值，自然局限更为明显。因此，当代史料当中最大量的，也是最能够真切反映社会当时各种情况的，恰恰是这些民间史料。如今，当代中国历史的研究正方兴未艾，已有越来越多的学者和学生开始关心和研究当代历史的问题了，但因为民间史料查找不易，除极少数近水楼台者外，真正能够利用民间史料来做研究的学者和学生，还寥寥无几。

本中心成立不久，但深信应该在这方面有所建树。因而不惜大家动手，不取分文，费时费力并以极为有限的财力资源，编辑出版这样一套丛书，以利推动民间史料的整理与出版，进而逐渐打破现在史料收藏过于分散、难以利用的情况。

必须说明的是，本中心在民间史料搜集上着手较晚，故我们所推出的史料无论从面上，还是从点上，都不成系统。同时，由于整个当代史料的整理和出版工作在全国范围也都还只是处于起步阶段，无论编辑还是出版工作都还有一个摸索适应和逐渐规范的过程，因此，在许多方面都难免存在着缺失甚或不当之处。凡此种种，还有望各方读者包括原文作者及时提醒和指正。

本套丛书的编辑，遵循反映历史原貌的原则，各种文献一律按照原文体例、格式、文字录入编辑。文献中的错别字以〈　〉符号订正，错别字在符号内，正确的字置于错字符号之后；漏字以［　］符号填补，漏字在符号内，置原位；衍字以□符号注明，衍字在符号内，置原位；难以辨认的字以■符号标明，一字一符，置原位；语句缺漏、不通之处，用页下注的方法在需要说明的文字或语句之后标注说明。

华东师范大学中国当代史研究中心

2010 年 7 月

目　录

出差上海(一)

1976 年 10 月 9 日

7:04 起飞,8:32 到上海。

212810,市委办公室,范崇星。

单永志同志:你跟有关领导讲了吗?

没交班,原来。

住宿都满了。

机场有车子吧!

单永志:值班员未交接好。范崇星来了,锦江新南楼,280 等几个房间。对不起,我们工作错误。

范:原计划住长江饭店,那不像话。

市物资局

市机电一局

市冶金局

工交组

统计计划组

唐光煊

黄涛

计委办公室,398074。

1976 年 10 月 10 日

下午,衡山宾馆。

徐良图:4 楼,39 - 1

干志坚:3 楼,36 - 2

周　力:3 楼,36 - 1

陈斐章:4 楼,39 - 2

王守家:4 楼,39 - 2

李景昭：4 楼，38 - 1

曹大澄：4 楼，38 - 2

王德瑛：4 楼，38 - 2

1976 年 10 月 12 日

上午。

市委马、徐、周纯[麟]、王、黄涛、朱永嘉、黄金海、张敬标、王少庸、冯国柱。

陈：自行车三厂(凤凰)。

上海二个厂，永久牌(上海自行车)、凤凰牌。

本厂 3 200 人，大跃进建起来的，1958 年合起来的。四个系列，27 个规格。

1958—1960 年，1958 年年产 8 万辆，1960 年 35 万—38 万辆。1961—1965 年修正主义路线干扰，这五年产量未上去。1973 年 100 万辆，今年〈予〉预计 120 万辆。劳动生产率 5 万元/年[/]工 (35 万辆时 2 500 人)。自行车世界上超过 100 万辆厂 10 家，中国有三家(凤凰、永久、飞鸽)。资本主义国家 100 万辆需 60 年。

出口：占全国产量 10%，其中凤凰占 30%。今年产量、产值超过去年 10%，质量稳定。去年产 110[万]辆，今年 120[万]辆。1/3 出口，1/3 城市，1/3 农村。农村有一辆自行车是不吃草的小毛驴。

1. 年初批邓，反击右倾翻案风。

出大字报。

批三株大毒草，上海电力紧张，用电 3 000 kW。

和邓小平修正主义路线对着干。

抢电、促电、捉电。

有电拼命干，没有电搞大批判。

照邓小平的讲法岗位责任制，寸步难行。

2. 唐山地震后，听到唐山自行车厂大地抖动还装 30 辆自行车。

一工人得喉癌，医生要他休息，他说活一天就要干一天。一女工公伤，爱人公伤，有两岁小孩，听到地震后仍在厂里工作。

口号是：增援唐山、北京、天津。燕山损失凤凰补，首要任务深批邓。

“燕山”年产 15 万辆，比去年同期计划超 19%。

厂定二个决议：

(1) 学习两项决议。通读学习毛著。

(2) 每月 9 日召开继承主席遗志，学习主席著作怎样？一手抓当年，一手抓明年准备。明年主攻方向，围绕产品方向。

“燕山”损失 7 万辆，“凤凰”去年生产 110 万辆，“凤凰”今年生产 120 万辆。

10 月 12 日下午，上海钟表元件厂。

生产防震器，玻璃钻。

五个车间：一车间生产防震器，二车间搞料车间，三车间加工车间，四车间加工车间，五车间机修车间。

此厂原关勒〈名〉铭钢笔厂，设计 100 万指标，现在 450 万块。

劳动生产率：1.7 万—1.8 万元/年。

搞自动化、机械化革新，多余劳动力支援手表厂。29 人搞手表。

10 月 12 日下午，新跃仪表厂。

大型精密仪器，从大跃进开始，1959 年第一台 20 万倍显微镜，目前搞 80 万倍电子显微镜。生产有机质谱仪，乳腺癌器，王羲之字帖印(内合同印)。

七机部 22 所和电子光学研究所合并此厂。

DXY3——型，多道 X 射线光谱仪(快速定性、定量分析)。

离子探针。

1976 年 10 月 13 日

上午，上海汽轮机厂。

察庆禄(党委书记)：今年 1 月才去，2 月抓批邓、反击右倾翻案风，〈班〉办三次学习班。干部、工人通过学习班，思想统一，步调一致。在毛泽东思想基础上加强团结。理论队伍一二千人，到车间宣讲，钻研精神比我们党委学习的紧，鞭策干部学习。

去年 170 万 kW 怎么来的，今年国家计划 95 万 kW，工人提出 4 月前全部完成，提前三个月完成柴油机 24 台计划。

提出提前两个月完成国家计划，超产 12.5 万 kW×2 台，也提前完成。

国庆节期间我在北京，广大职工化悲痛为力量，心齐气顺。

冷焊车间还有问题。

30 万 kW 火电机，60 万火电电机、30 万原子能正着手试验。

问题：1. 生产、科研矛盾。2. 产销矛盾大。

明年计划，按今年计划会议安排，任务不足，但要有工作可做。从能力讲年产 300 万 kW，目前问题劳动力不足。职工 8 300[人]本厂，1 400 人培训。20 M×5 M 龙门刨×1；8 M 立车×1；200 M/M 镗床×1。

1953 年建厂，捷克项目。积压设备有 200 箱。

原子能机组加工车间基建费 2 208 万元，只花 100 多万元，原因基建力量和材料。原计划 1978—1979 年建成，现在不知何时？

电炉：8 吨×1；5 吨×1。

生产 12.5 万汽轮机 23 台(1969 年——现在)，其中加一台加热器可节约 3 000 吨煤/年，现在 23 台中只有 5 台有加热器，30 万 kW 中一台也没有加热器。因为没有冷铸车间，建一座冷铸车间需 15 万 m^2，需 500 万元投资。

郎以康(革委〈付〉副主任)：技术革新 323 项，积压汽轮机 1 700 万元，柴油机 1 000 万元，现已借款 4 000 多万元。劳力不够，向技术革新要人。235 万元费用不落实。

明年主要矛盾：

1. 供销矛盾：明年对汽轮机的打算，生产出来怎么办？需要单位不太需要，造成积压，想不通。炼钢是本厂炼，今年吃废钢 4 万多吨。军民产品比例，军品占 30%。明年柴油机 20 台。

2. 科技和生产脱节。

明年指导思想采用改造，投资少、见效快。

小张(生产)：柴油机 24 台/年，另 80 万元配件(去年 30 万元)，100 万/年。

需 5 套 30 台汽轮机。

于同尘(生产常委)：目前叶片是关键，四川天然气管道，此项目 3 000 万元，其中 2 500[万][元]用在这上。

察庆禄：1. 1 700 万元怎么解决？2. 生产和科研矛盾问题？口号：国家急需重点产品，积极搞上去。

良图：我们华东联合工作组任务：1. 商讨明年计划；2. 体制。同时今年四季和明年一季任务。几年来汽轮机厂发展得很快。你们讲的做法，我们听起来赞成。叶片车间你们搞。

下午，吴〈径〉泾化工厂。

1958 年建厂，1960 年投产。国产合成氨 2.5 万吨×2 套，10 万吨规模(合成氨)，40 万吨化肥。5 万吨合成氨。真正为农业服务只有 1 万吨化肥，其他都给工业了。小化肥都上去了，800—2 000—10 000 吨大化肥作用越来越小，小化肥作用越来越大。1974 年 11 月国家计委批准，同意 30 万吨 13 套化肥厂。

三大件未搞：1. 合成塔，今年 10 月完工。2. 变换炉，未到货。3. 气机塔，未到货。

二年建成，半年试车，三年投产。

有二个题目值得研究：

1. 油还没有来源(原料油轻油)，用轻油亏本，国外还有原料不用油而用〈汽〉气体。原计划油从吴〈径〉泾来，但该厂计划未定。

2. 投资多少？已花 1.46 亿元，今年多少？明年多少？都未定，厂方认为 1.8 亿。

目前施工队伍 1 000 多人，明年 3 月 29 日争取建成(两年建成)，今年三季单动试车，明年 3 月联动试车。24 吨尿素，今年开始抓建设，今年可建成。

1970 年 10 月 11 日

上午，上海港口。

五区：码头。

日本进口钢板桩，今年 4 月 28[日]开始进口，2 287 吨，22 米长，锈蚀 1 M/M。宜昌一个工厂用(330 工程局，说国家计委工程)，占货位。水电部订货，长期不提货，积压。仓库 44 000 m^2，场地 33 000 m^2，拥挤。现在货 5 万吨。

杨寿凯(五区党委书记)：建、计委同志到上港五区是最关心的。

全场 1 140 m，6 个泊位，江中 3 个，共 5 个泊位，码头相适应的有 6.5 万 m^2 仓库，4 万 m^2 场地。主要机械 200 台，拖[车]、铲[车]、吊车，其中有半数以上是自制，半数进口，最大负荷 30 吨吊，15 吨铲车。外贸出口杂货，以出为主。

1974 年完成 305 万吨。

1976 年计划 275 万吨,完成计划吃力。

1972 年 250 万吨。

1973 年 340 万吨。

1975 年 272 万吨。

全区职工 3 370 人,其中 1 400 人(前方装卸工人),18 个支部。

上海港规划问题:

1. 泊位不足。

2. 等装卸问题大,等吊卸工具。向阳一号 30 吨,向阳二号 100 吨吊,全靠这二个吊。外贸速遣费剩 220 万元。交通部……最好 30—50 吨吊车,急需。

3. 租船最好一个口,现在交通部、外贸部都租,计委有一文件,最好有一个头。

4. 外轮理货装卸质量问题,加强教育。

港务局革委〈付〉副主任王成学同志:

上海港职工 4 万人,十四个区站,其中上海十个区,三个站,另一区在江苏沙洲县、张家港、车站结合。全长 12 kM。

一作业区,粮食、杂货、橡〈膠〉胶(国内)。

二作业区,粮食、部分煤炭。

三作业区,国内杂货。大连、青岛,国内客运,大连——青岛。

四作业区,以客为主。

五作业区,外贸作〈叶〉业区,主要出口杂货。

六作业区,以煤为主(3 泊位),杂货(2 泊位)。

七作业区,全部煤炭(军工路)。

八作业区,九个泊位,主要国内、国外。

九作业区,吴淞,水陆联运,外贸作业,上钢一、三厂矿石进口(海南岛)。

十作业区(水陆联运),新建 9 个万吨轮泊位。

建港重点十作业区 9 个万吨轮,其中 6 个去年建完,年底建完 3 个。外贸码头。

三个站:

1. 白莲泾站,木材专用码头。

2. 南市站，沿海机帆船(杂货)。

3. 杨树浦装卸站：杂货、木材、煤炭(国内)。

外贸进口420吨。

党委对海港形势变化跟不上：① 老工人减少，新工人增加。第十作业区新工人占90%。② 安全质量跟不上。③ 机械化效率不高。

上港五区年吞吐量370万吨，60%—70%的危险品(化工原料)。一个工厂生产的同样品种、质量，20家户头对国外订合同要研究。

上海储运公司潜力大，外运公司总发货人，盲目进口，造成大量浪费，如柴油机进口三年，卷板五年不提货(20多万吨)。

疏运问题：交通跟不上，工具不足。进口用户储存不了。

上海港务局：

书记李维中。

〈付〉副书记于兴洲。

〈付〉副书记董海棠(青)。

〈付〉副书记孟金茂(基层党委书记、中)。

〈付〉副书记王允臻(青)。

常委、〈付〉副主任王成学(接待)。

上海市港口建设办公室汤星(〈付〉副主任)。

上港目前关键问题是疏运量不足。解决疏运量：① 黄浦江泊位不能再增加，必须开辟新港区，即吴淞口外边宝山(上海)、浏河(靠江苏)。

文化大革命前上海港吞吐量3 000万吨以上，现在上海港吞吐量5 000万吨以上，上升70%。

意见：1. 老港区改造。2. 扩建新港区。

上港特点：外国船多，每天在港50—60条，最多时达90条，其中能靠码头装卸只20多条，其他只好排队等靠码头。因不能及时卸货，经常被罚款。同时，速遣费(提前完成装卸任务，外轮付款给我们)，一年罚、速相抵，款100—200万元。

装卸工最低工资40元。装卸工加附属工最低工资36元(有的增4、5、6元)。新装卸工进码头半年内20元，下半年到年底30元，第二年工资40元。

1976 年 10 月 15 日

上午。

参观万人体育馆：

① 18 000 人(下部 6 000 人,上部 12 000 人)。

② 直径 110 m(运动馆)。

③ 底翻蓝球架。

高层建筑,每层 9 户,共 13 层,共 8 栋,8×9×13=936 户。

参观一模三板,普陀区中山北路陆家宅,今年 2 月 24 日开始。

一模,横浇墙。三板,挂板、楼板、隔墙板(插板)。取消了砌砖、内外粉刷、脚手架,一模三板三取消。

造价每 $m^2$96.12 元。

用工 1.56 工/m^2(一般一平米需工 7—8 人)。

时间,二天建一层。

每户 37—44 m^2(现在),37—40 m^2(过去)。

研究课题：标准化、多样化。

中山北路全长 6 000 公尺,大动脉,首先改造一段 800 公尺〈1979 年 10 月 1 日建完〉,拆迁 1 800 户,安排 2 800 户。

2 359 规划,解释是二条铁路;三条主要马路,中山北路、长寿路、〈朝〉曹〈阳〉杨路;五个新村;九个重点改造区。改、调、转、迁四个办法。

1976 年 10 月 16 日

上午。

陈士鹤、童银梅。

平时二、六上午学习,一、五晚学习。

钢：1—9 月完成 281 万吨。今年计划 405 万吨,〈予〉预计 395 万吨,其中冶金系统计划 380[万][吨](全年),实际 263.7[万][吨] (1—9 月)。上半年钢欠 20 万吨。

四季计划：钢 110 万吨,日均 11 956 吨以上。10 月上旬日均 1.13 万吨(全市),其中 1.08 万吨(冶金系统)。9 月 10—30 日钢日均 11 867 吨。

1973 年四季度实产钢 109 万吨,日均 11 800 吨(全年 403 万吨,历史最高水平)。

上钢三厂可超计划,计划 125 万吨,可能完成 125 万吨。五厂可能完不成计划,计划 97 万吨,可能完成 92 万吨。

三厂 1973 年实际 122.2 万吨,1975 年实际 124.11 万吨,1976 年〈予〉预计 125 万吨。

五厂今年钢计划 97 万吨,〈予〉预计 92—94 万吨。1973 年水平最高,101.27 万吨,电炉钢可以超计划。

三厂、五厂情况都好,主要一厂有问题。一厂今年计划钢 150—152 万吨,〈予〉预计 140—142 万吨,欠产 10 万吨。

问题:① "08"钢主要在一厂生产,上半年生产不太好,欠的多。② 螺〈蚊〉纹钢。③ 矽钢片。④ 四季缺 12 万吨生铁。

"08"[钢]订出 8.2 万吨,1—9 月交 4.2 万吨,主要上半年欠,四季计划 2.5 万吨,预计全年欠交 1.5 万吨。

原因:① 生铁质量有问题。②"08"[钢]难炼,温度高粘模,温度低杂质■钢,有一段赶产量。

问题:生铁不足,四季度生铁计划缺口 6 万吨,不落实 6 万吨,计[划]12 万吨。

需生铁 93 万吨,国家分配 87 万吨,实际落实 81 万吨。

今年钢铁料消耗 10 多万吨,原因:① 事故多,6、7、8 三个月事故多;② 停电多。

煤电影响,梅山日产,14 日产 3 000 吨/日,过去平均 2 700—2 800 吨/日,完成计划需 3 000 吨/日以上。

上海市想向 380 万吨冲,这样四季钢 116.25 万吨,日均 1.26 万吨,1—15 日均产钢 1.09 万吨,1—15 日实产钢 16.45 万吨。要达到 380[万][吨],10 月 16 日起,日均需 12 960 吨。

到 10 月 10 日止,炼钢生铁库存 3.72 万吨,铸造生铁库存 2.3 万吨,煤库存 12.8 万吨。

冶金部:张益民、贾洪、辛月斋、于明川,星期二 10 月 12 日来,住锦江西楼 167,268 贾洪。

1976 年 10 月 19 日

下午，上钢二厂。

党委书记朱尔沛，〈付〉副书记周毓良。

周毓良：七个生产车间，主要生产线材。

① 650 开坯车间：1972 年改造，二车间。开 60 方，68 方。最高产量 1972 年 62 万吨/年，最高月产 6.3 万吨/〈年〉月，去年 45 万吨。两个线材车间。

② 一车间：6.5 M/M，轧三个品种，35 万吨线材/年。

③ 四车间：8 M/M，7 M/M，三个月缺料，能力 15—16 万吨/年。

④ 三车间：型钢、复合钢板，2.5 万吨。

⑤ 六车间：小轧机、合金钢丝。

⑥ 金属制品：五车间，年产 3.1 万吨，最高年产 3.3 万吨，钢丝绳 1.2—1.5 万吨。

⑦ 电炉车间：合金钢、优质钢，年产 3 万吨，3 吨×2 电炉。

综合利用车间：三废处理，100 人。

全厂职工 4 950 人，老设备主要靠改造、挖潜。速度，15.6 m/秒。650 开坯，8 000 吨。原矽钢片开坯，上钢十厂四车间，现因交通关系改由二厂开坯。

10.5 吋锭子，由上钢一、三厂供锭子。

一车间需坯 30 万吨，四车间需坯 15 万吨，三车间需坯 3 万吨，共 50 万吨。

线材：1—9 月完成 30.34 万吨，去年 1—9 月完成 31.21 万吨，今年计划 46.5 万吨，去年完成 45.14 万吨，1973 年最高完成 50.7 万吨。

锭坯不足原因：

① 1973 年钢 403 万吨，1974、1975 年钢减少了，1976 年钢也少了。

② 过去一厂半连轧未上去，今年半连轧上去了，即使完成钢 400 万吨，半连轧投产后，钢还不足。

这两年，到各省市找米下锅，两年来跑 19 个省市，找米下锅。

自从打招呼以后，1—15 日产量比过去好。1—18 日水平比上月同期增长 0.9%。10 月 1—18 日 22 667 吨，9 月 1—18 日 22 463 吨，提高 0.9%，10 月还停电。

型材：10 月 1 077 吨，9 月 900 吨。

金属制品：10月1 423吨，9月1 278吨。

电炉：10月1 500吨(停电)，9月1 584吨。

几天运动情况：市委传达后，14日传达，15日开一天会，19日又传达半天，下午开声讨会，组织游行。这四人像四个臭虫，使人睡不好觉。总理逝世后揪心，主席逝世后也揪心，这回揭发“四人〈邦〉帮”，放心了。今天下午厂开声讨大会，会后车间还开。群众情绪很高。第二次补充传达完了。昨下午6:15，全部参加，无人走。9月下旬开下半年订货会议，厂里无法安排生产。明年计划厂里已经讨论。1—9月完成4.28万吨，全年合同8.3万吨。明年产量不低于今年水平，1977年计划9月底进行讨论。1977年超1976年，1976年超1975年，(今年)四季超去年四季。

锭出炉温度1 050℃，轧前900℃。

机架7个，630×1，辊径1 800 W/M，500×2，400×4(其中■■×1)。

自制龙门剪160吨(切方坯)，自制飞剪30吨(切板坯)，班产量970吨/班，每天三班，最高日产量9月30日2 825吨/日。

1976年10月20日

下午，唐光煊等九人来衡山宾馆汇报。

唐光煊：最近形势好，不仅起来很快，而且态度好。各局、组一致要求向中央发电报，请求接管。下面揭发比上面揭的快。再，大家还是抓革命促生产。

阵线打乱，昨高校大会上，徐景贤还叫姚文元[称]同志。

“风源”从哪里来？揭出来了。

工作班子，老的班子不合适。最近研究要有所侧重，但都抓革命促生产。

工交组下分六个组：秘书、生产、计划、外交[等]。

最近一段，市对生产研究不够。对今年的问题未很好总结，对我们自己思想问题也应很好清理。对四季、对明年也没很好研究。

今年以来，革命形势是好的，生产有很大推动，特别[是]二次计划会议上，工交系统生产总的水平还可以。1—9月总产值完成337.6亿，为国家计划74.2%(国家计划455亿元，增产计划460亿元的73%)，比去年同期增长3.3%。

从生产上按农轻重方针，支农产品：

1. 大拖拉机，计划 8 000—10 000 台，1—9 月已完成 7 700 台，比去年同期增长 1/4。

2. 化肥、农药，主要氮肥下降，磷肥上升。大化肥抓得不够，班子有问题。磷肥比去[年]增 30%以上。主要农药，重点抓高效，完成 1.1 万吨，比去年同期增长 1/5。农〈叶〉业三季丰收在望。

3. 轻工市场挖潜增产，五大件，自行车、手表、电[视][机]。

手表 1—9 月增长 9%，缝纫机 1—9 月增长 7.4%，自行车 1—9 月增长 6.4%，电视机 1—9 月增长 16%，照相机 1—9 月增长 27%。

4. 基础工业方面，今年铁、矿石生产情况好，关键[是]钢、钢材生产不好。年初因电，后来设备检修，钢差 8 万吨，材差 10 万吨。机械配套，13 个重点工程(武钢、几个大化肥[厂]等)，基本完成 80%以上。冶金设备(大机床……)增产 15%以上。

5. 交通运输方面。

6. 基本建设，完成 58%。望亭电厂两个 30 万千瓦，今年 11 个重点。

骨头和肉的关系。

四季安排和明年一季安排：上旬，中央两个文件和 15 号决定，中央领导同志讲话和对“四人帮”采取果断、英明措施，群众发动了。

10 月上旬比 9 月上旬总产值增长 9%。

1—14 日平[均]发电 189.9 万 kW，15—19 日平均发电 204.8 万 kW。华东电网发电 400 万 kW，1—14 日每天平均日用电量 3 385 万度，15—19 日每天平均日用电量 3 459.5 万度。

钢产量：1—14 日 10 860 吨/日，15—19 日 11 092 吨/日。

铁产量：1—14 日(梅山检修)2 993 吨/日，15—19 日 3 776 吨/日。

港口吞吐量：在港船，14 日，52 只；19 日，46 只。

铁路保有量：运输车 1—14 日，15 159[车]；15—19 日，14 831[车]。排空车 1—14 日，737 车；15—19 日，699 车。

上海地区卸车和待卸车都好，市内短途运输没下来。

煤炭过去存 1 万吨，现在 3 万吨，够 4 天用。无烟煤紧张，库存账面 120 万吨。市内交通五天未出事故，安全搞得很好，运量没下来。

长航运力上有些紧张,60%靠铁路,所以铁路紧张。到日本看了子母船。

交通方面:四季原则还是一卸二排三装。10月计划900辆。

由[于]运输问题积压,1亿元,影响税收4 000万元,所以现在还是抓卸车。大企业压车主要有上钢五、一、三厂。否则保证来多少卸多少,突击来货卸车跟不上,过三五天就可卸完。进口设备有的积压4个月。

今年1—9月外轮在港期14天,[原]计划五六天,前年11天,去年12天。

希铁道部,上海多装一些。

港口积压钢材53万吨,需外运30万吨,需铁路4.96万吨,沿海1.1万吨,进长江22万吨。3/5需运外地,2/5去上海内地调度。长江运输由一家经营。

四季安排,考虑薄弱环节是什么?是在[粉][碎]"四人帮"之前。四季安排118.8亿,〈予〉预计456亿,今年计划455亿。

四季钢:上半年欠产,四季钢110万吨。原计划钢搞上去,380万吨计划吃力。1—9月263万吨,四季110万吨,日均1.2万吨。这几天欠一点,今后日均1.25万吨。1973年最高403万吨,四季109万吨,比过去历史最好水平。[①] 380万吨,日产需1.3万吨。

原安排钢铁就有缺口。

轻工市场:

1. 秋收农村市场需要,比原计划增产3亿。

2. 机电仪表产品,配套问题,单机配套矛盾大,缺轴承,小电机配套。原材料、电问题突出。

四季特别抓节约、增产,国家下达节约计划15项,可以的有10项,距离大有5项。

100个主要产品单耗增加79个。

总水平是可以,但关键是多快好省。

今年财政计划,1—9月工业增长3.3,财政少收1.24亿元。产值增长337,财政下降94。财政计划未完成原因:① 单耗上升,财政未;② 价格,调价影响9 000万元;③ 商业政策亏损5 000万元;④ 一部分产品未销售出去。

---

① 整理者注——原文如此。

船，1 700，电站，三个产品 3 亿元，如首钢 1 700 不要了。

财政计划，本子上 141 亿，口头 138.5 亿，比去年同期欠 1.24 亿。四季努力多快好省地完成，纺织化纤完不成，硫磺完不成，硫铁外运不来，计划 28.7 万吨，调运来 18 万吨。

唐：集中①打煤；② 打新侨。

硫化铁：需 33 万吨，计划 28[万][吨]，其中包括 4 万吨新侨，这是紧张的原因。

钢材和有色问题，今年钢材四季缺 10 万吨，经挖潜，还缺 7 万吨钢材。所以有些产品开开停停。当前最紧张的有：① 螺纹钢；② 矽钢片；③ 电焊条。国家分配钢材比去年少 3—4 万吨，比去年库存压缩 3 万吨。办法，清仓库存，今年经批邓批部门所有制，批条条专政，开十几次调剂会，主要靠清仓查库。

原想物资[部]给 3 万吨钢材，年初计划少 3—4 万吨。一机局四季缺 6—7 万吨，全市还缺钢材 6—7 万吨。

上海要退 18 万吨钢材，国家给了钢锭 5 万吨（枝钢），武钢下坯，明年二三季变成材。

20 万[吨]，市物资局 10 万吨，市局供应站 10 万吨。

40 万[吨]。

金属公司库存少于 10 万吨，调剂不了，提前交货。

节约计划：5.6 万吨，4 万吨。

电线配套：分配有色比 1970 年低，1970 年分配 CN6.8 万吨，1976 年分配 CN5.2 万吨。

铸造生铁：国家供 40 万吨/年，1970 年 31[万][吨]，1976 年 33[万][吨]，下放企业 7 万吨。现在靠给外省做点化肥设备换点铸造铁，3—5 万吨/年。

缝纫机铁、铸造生铁 8 000 吨，最低需 2—3 万吨铸造生铁（其中本钢 5 000—10 000 吨）。

贵州有色合金厂缺电，东北 501 厂缺电。

矽钢：320 吨，一厂未拿到，需 2 000 吨。影响半导体仪表系统，晶体管、电子管、灯泡出不来。进口 500 M 钨钢丝片，灯泡可做 1 亿只，现有 200 万只缺米。

煤与油的关系：

物资、电、基电、运输、城市规划、燃料(煤油),今年四季,明年一季,体制(地区平衡怎么搞)。

外贸仓库10万吨钢材。

每天下午:21日(星期四)基建;22日(星期五)燃料、运输;23日(星期六)物资(全体到);25[日](星期一)电;26日(星期二)外贸、清仓;27日(星期三)城市规划。

1976年10月21日

上午,乎加同志,成立了中央工作组。

1. 中央要求:“破的彻底,立的正确。”

2. 总的精神按中央16号文件办事。依靠上海两个95%。砸烂“四人帮”,搞毒根。罪行是反党篡权。大本营在上海,我们到大本营里来了。当然,上海不是“四人帮”的上海,但总有少数人干这个的。相信上海的群众。

运动在各级党委一元化的领导下。

中央说:群众冲一下也可以,还是在党的领导下,能控制局面。

领导你们的人不再领导你们了,你们的任务是坚守岗位,抓革命,促生产,促工作,促战备。现在是个考验。拥护以华国锋为首[的]党中央领导,工作要比过去搞得好,出问题要负责,多数依靠他们工作。

对新闻单位讲清楚,大会我们要参加。宣布防止破坏、烧毁、转移[材][料]。

市委内部大字报集中在三个人,徐景贤、王秀珍、马天水;工交组对准黄涛、陈阿大;财贸组对准黄金海。重点单位排一排。你们早来同志现在任务是砸乱“四人帮”,严格按16号文件办事。

小兄弟之一财贸组——黄金海,大将之一工交办——黄涛、陈阿大。

争取唐光煊起来揭发。

张春桥:工作由你干,错误由你犯,把柄由我转,到时你完蛋。

我们不能到第一线去。

组织组——李风,写作班子——陈〈景〉锦华。

下午,张益民、贾洪、辛月斋、于明川。

张益民:冶金局一把手病了,二把手有问题。陈大同非常谨慎,五厂是重点。王洪文、谢静〈一〉宜、迟群都插到五厂。揭发说:黄涛可以当国家计委主任。五厂大字报点名二个人，党委书记华国瑞未点名；冶金局、一厂、三厂、五厂、钢研所。冶金局机关未揭出什么问题。揭陈绍昆二件事：1. 发言稿给黄涛；2. 阿尔巴尼亚水火之争。

老工人高兴，群众高兴。

水城有铁 3 万吨，五厂、一厂有 20 万吨废钢。

杨颖胜同志介绍：

工交组：黄涛（市委常委）、陈阿大（列席常委）、金传德（列席常委）、何建军、高崇智（原工业生产委员会）、知情人唐光煊（生产组负责）、翁俨偌（秘书组负责）、史任远（组干组负责）、任锡康（军工组负责）。黄、陈、金三人[的]秘书：杨之仁（黄）、居开松（陈）、蒋庆良（金）。

秘书组：翁俨偌、李家骝、章增。

军工组：高崇智、任锡康、王英全（原省[革]委〈付〉副主任）、严秀坤（常委）。

组干组：史任远、张以平（去年提上来）、曹志和。

生产组：唐光煊、〈戈〉葛衡、陈任志（原科技局）、范崇星。

基建组：鲁纪华、李挺、姚国铭。

外经组：刘宽（原外经局〈付〉副局长）、金伯根、杨路、祝刚、陈宝兴。

原定侯建军管生产、基建、外经三组，但侯一直生病。

陈阿大：群众说有名打手，和王洪文一起起来造反，不学无术。

金传德：和群众关系还好，但铁路局说他是一霸。

何建军：与黄涛都是交通政治部〈付〉副主任，何在黄前，文化大革命何比黄先解放，1968 年王洪文看上了黄涛，于是排到前面，受排挤，最近高兴。

高崇智：群众关系一般，黄涛常批评他，60 岁，文化大革命前在工业生产委员会[任]副主任。

唐光煊：杨跟两年多一点，小聪明，看眼色。

翁俨偌：大秘书长，办事多，〈驾〉架子大，跟的紧是李家骝。

基建组：鲁纪华，老实忠厚，肝疼。

李挺，不熟〈习〉悉。

姚国铭，去东湖招待所。

〈戈〉葛衡：超脱，细小事不管，老〈尖〉奸巨〈滑〉猾，〈事〉世故，〈园〉圆滑。未分家前，何建军、唐光煊、鲁纪华、〈戈〉葛衡。唐与鲁关系紧张。

刘宽：忠厚。

郊区组(五办)。

组织组。

市委办公室。

文教组(一办)，二报一刊直接受徐、朱领导。

地区组(二办)。

财贸组(六办)。

综合计划组。

工交组(四办)。

秘书组。

机关事务管理局。

科技组(三办)。

写作组。

群众敦促去过钓鱼台的人起来揭发。

在东湖：肖云基(写作小组)、沈乐天、张树园、姚国铭。

工交组与综合计划组关系问题。

王秀珍讲，马老身体不行了，黄涛接马老。为什么冯国柱管经济？冯接黄。

陈士鹤：原是技术局的，黄涛不欣赏。生产计划小组组长，靠死情况。

范崇星：黄涛喜欢，能反映下面东西。

许言：去年批林批孔时，批了一下，市里不欣赏。

李家骝：写大文章，无架子，跟的紧。

1976 年 10 月 22 日

晚，传达。

良图：中央三位同志叫工作组，我们叫联络员。我们工作有五个问题：① 讲明工作组联络员的任务——了解情况，反映问题。② 机关要学好 16 号中央文件，重要会议通知我们。③ 彻底搞好砸烂“四人帮”的斗争。④ 抓革命，促生产，促工作，促战备，坚守岗位，把工作搞得更好。⑤ 提高警惕，防止阶级敌人破坏，不许销毁、转移材料，否则严加惩处。

昨天找各单位商量，最后[决]定：① 中央工作组工作人员。② 所有大组，我们都去，所以不能对口。来此，主要搞阶级斗争，砸烂“四人〈班〉帮”。
③ 商量了名单。

上海市委我们派一批工作人员，到市委及市属各组、局了解情况，反映问题，由徐请你们。

1976 年 10 月 23 日

派到各单位工作：

1. 市委：徐良图、曹大澄、陈斐章。

2. 组织组：李锡铭、王西〈平〉萍、李峰、李凤、刘航。

3. 工交、计划、科技组：李景昭、干志坚、周力、王守家、曹维廉、王德瑛。

4. 财贸组、郊区组：郭吉荣。

5. 地区组：罗。

6. 文教组：陈〈景〉锦华。

7. 写作组：〈陈〉车文〈一〉仪。

8. 公安、民兵：严佑民。

9. 外事组、统战：秦〈中〉仲达。

10. 机关事务：阎济民。

以上 26 人均中共正式党员，其余人员为中央各部来上海办事。

工作组工作人员要宣布的几条：

1. 工作组工作人员要根据中央 16 号文件精神，了解情况，反映问题，搞好砸烂“四人帮”伟大斗争。

2. 党委要紧密团结在以华国锋同志为首的党中央周围，立场坚定，旗帜鲜明，站在运动前列。认真学习，坚决贯[彻]，充分发动群众，同“四人帮”进[行]坚决斗争，彻底。

3. 全体干部职工都要坚守岗位，在党委一元化领导下，抓革命，促生产，促工作，促战备，把各项工作做得更好。

4. 党委的重大会议和重大活动[要]通知 要 工作人员，必要时工作人员要参加，运动中重要情况要及时向工作人员反映。

5. 提高警惕，严防阶级敌人破坏捣乱，文件、档案必须妥善保管，更不允许转移和烧毁。如有违反……

〈工〉中央工作组两种：

1. 工作人员。

2. 国务院有关部门到上海出差的，别找地方。

3. 我们同志认真学习好16号文件，严格[按]16号文件各项规定方针政策办，讲话不要超过文件精神，正式会议不表态，正式场合不讲话，否则大字报上街。

4. 活动要注意安全，重要文件不要拿出去，拿回文件马上拿回来，现在[是]你死我活[的]斗争。

5. 保密问题，保护接近我们[的]同志。

6. 和有问题人谈话，要两个人，有人做记录。

7. 我们行动要严格遵守三要三不要，打主动战，不打被动战，研究各种花招，注意阶级斗争新动向。

8. 接触各种人，都要三个正确对待。反对他们的人也要了解背景，不要轻易表态，一些老同志不要有三气。不要上圈套。

9. 大字报收集内外大字报，编成册给我们。

10. 小兄弟的材料要由各单位收集。

严佑民：1. 学习16号文件，要学好，砸烂“四人帮”。2. 不随便说话，“四人帮”是不肯改悔的正在走的走资派。“四人帮”在上海经营十年之久，负隅顽抗。

工作组工作人员到各单位进行工作时要宣布的几条

一、工作组工作人员的任务是根据中央16号文件精神，了解情况，反映问题，搞好彻底砸烂“四人帮”这场伟大的斗争。

二、党委要紧密地团结在以华国锋同志为首的党中央周围，立场坚定，旗帜鲜明，站在运动的前列，认真学习，坚决贯彻中央16号文件，充分发动和依靠群众，同“四人帮”进行坚决的斗争，彻底揭发、批判他们的反革命罪行。跟随“四人帮”犯了错误，包括极少数跟着“四人帮”干坏事，陷得很深的人，都要坚决站在毛主席革命路线一边，同“四人帮”彻底决裂，在这场[伟]大斗争中经受党和群众的检验。

三、全体干部、职工都要坚守岗位，在党委一元化领导下，抓革命，促生产，促工作，促战备，把各项工作做得更好。

四、党委的重要会议和重大活动，要通知工作人员，必要时工作人员要参加，运动中的重要情况要及时向工作人员反映。

五、提高警惕，严防阶级敌人破坏捣乱。文件、档案必须妥善保管，任何人不得擅自处理，更不允许转移或销毁。如有违反，要严肃追查处理。

第一批工作人员：李景昭、干志坚、周力、王德瑛、曹维廉、谢红胜、郑定铨(轻工)、侯宝勤(一机)。

1976年10月25日

上午，工作组工作人员和上海市工交组金传德同志见面。

严绪召(科技组)，韦明(统计组)。

核心：唐光煊(生产)，高崇智(军工)，翁俨偌(秘书)，史恩之(组干)，鲁纪华(基建)。

〈戈〉葛衡(生产)，章增(秘书)，邵，张一平，刘宽(外经)，尹秀坤(军工)。

核心还有：

1. 黄涛留机关审查、揭发交待，市委常委基本不参加。

2. 陈阿大在这次事件中(是)参与者，在群众中揭批、交待自己问题，市委未批下来，有些会不让他参加。

3. 一康在基地。

4. 何敬等同志长期病假。

翁俨偌：工交系统200万职工，33[个]局一级[单][位]，其中工业局9个，市政、物资局、劳动局，有五六个外地基地，石化总厂。

工交组内部有六个部门，秘书、组干、生产、基建[等]。

中央打招呼会后，群众发动起来，目标矛头对准“四人帮”，上海是“四人帮”基地、发源地，上海市委紧跟“四人帮”，市委有些人物平时跟“四人帮”非常密切。传达前后把参与吹风民愤极大[的]黄、陈，大字报称为两霸。还有马振龙(轻工局)与王洪文关系非常密切。王凤彪、唐文兰(纺织局)。

各级党组织起作用的，能领导的，声讨、揭发、批判。

问题突出有：

1. 轻工业局，马振龙经常出入钓鱼台，是王、马、陈局，任人唯亲，搞不好可能影响工作，瘫痪。

2. 纺织局,批林批孔时王洪文破坏,搞两派,矛盾大。党委内部、常委内部二种观点。

以上这两个局需要注意。

工交组机关都动起来,揭发,特别黄、陈做了许多坏事,初步揭了些问题。

中央打招呼会议后,总的机关 14 日传达,15 日贴出大字报。第一张大字报揭露黄涛,其次陈阿大与"四人帮"的黑关系。(1) 说黄是"四人帮"篡党夺权的急先锋。去北京开会,每次都与王、张个别接见。(2) 说黄涛是"四人帮"篡党夺权的黑总管,上海是策源地、发源地。他提供炮弹,"四人帮"的重要物资都由工交组提供。再有武器的供应,尚未搞清,还需作进一步揭发。

陈阿大与王洪文政治上完全站到一起的,大家问陈五项标准是什么?他说:三要三不要。民愤大,政治上反动,生活上腐朽。群众意见不让他参加常委会。

唐光煊:生产方面,中央决定后,生产总趋势好,中旬比上旬增 20%。交通运输,1—20 日排空 724,市内交通运输平均 14.8 万,几天来没发生事故,运输量没减,游行也未[受]影响,坚持〈叶〉业余闹革命。个别单位有影响,受"四人帮"插手。多数局,大多数都抓起来,轻工业局有影响,机关值班无人。马振龙自己不正确对待,马有市场,任人唯亲。电影工业局也是轻工业局,斗争厉害。纺织局也有些问题。

最近我们抓的也不够,下去少。平时好单位,秘书组、生产组、军工组。

鲁纪华:市政系统,最好[是]建工局,群众说没有转弯问题。范明根,城建局头;潘国平;张宝林,基建公司;谢鹏飞,铁路。24 日以后各局抓一下。生产需要抓一下,指挥系统不要断了。

李宽:(外经局)对黄、陈非常气愤。群众听到转弯子,都认为你们转,我们没有转弯子问题。火山爆发一样。半天运动,半天工作(下午工作)。现正开订货会议,上海 900[名]代表参加,一半同志在订货会议。

军工组:领导出差,生产发现一[些]问题。1. 化工局 701 大字报保密的上街了。2. 民兵指挥部生产的枪、零配件等。上海电缆厂,停下来了,杨树浦民兵指挥部搞的。13 日前马振龙布置二个生产子弹厂,子弹不要入库。3. 小三线基地有王洪文的黑干将戴立清,安〈灰〉徽厂里给看起来了,二支手枪给收掉了。厂里有公检法,可判〈邢〉刑,有武装,王洪文批准,是后方一霸。

秘书组：二个房间的同志表示，1. 热烈欢迎。2. 要求与全机关干部见面，深入到各组去，“四人帮”罪行，马、徐、王罪行，与黄、陈罪行，深入的谈。

组干组：控制组织组，派来的干部是结党营私，他们熟〈习〉悉的就可提拔。所谓熟〈习〉悉的，就是〈偿〉赏〈失〉识。工交系统准备 20 多人要去当部长。1974 年各部都要去中央，到上海来挑人，要的人不给，需派人。最近国家计委搞核心人员，35 岁，我们派人，报马天水说核心没意思。

轻工业局，1973 年、1974 年调干部，一级一级报，可是他一个人说不行，就推翻市委决定。他工会系统可去。群众气愤。

目前有 8 个人看管黄涛，12 人整理材料。整个运动市委讲话也不听，所以下去少，大家有顾虑。简报也不出，给谁看，观点也不知对不对。

景昭：我们是工作组的工作人员，和大家一起深入到群众中去，按 16 号文件办。

昨天大会，民兵指挥部不灵，要工交组通知，调 1 万民兵，只有二个单位顶了一下。1. 城建局；2. 微型轴承厂。

秘书组：翁俨偌、章增、张载养、黄德兴、张纪根。

10 月 25 日下午。

1. 了解机关运动？知情人有〈那〉哪些？

2. 翁俨偌了解面[上]问题？

3. 武装叛乱。

10 月 25 日下午。

翁俨偌说，秘书组任务主要抓：1. 学习、批判、中心运动，没有政工组。2. 抓文字简报工作。3. 后勤工作、来信来访、收发、值班。

领导四人，翁俨偌、李家骝、章杰俊(病，肝炎一年)、章增。

三个摊：1. 文字、简报；2. 工业、市政交通；3. 工业、市政交通。

共 50 人。

“四人帮”干了些坏事。

支书李家骝，〈付〉副支书王秀英，支委张载养、黄德兴、廖玉宇。

党员 47 人，群众 3 人。

一把手黄涛，市委常委，分管经济工作。去年市委定冯国柱协管经济工作。过去经常到北京开会,“四人帮”经常接见。

黄涛曾交待:上海是以江青为首的左派堡垒。

材料于17、18日封起来。机关斗了他一下。

黄涛交来材料:1.“四人帮”给的信;2. 记录。

黄涛已写四五份材料。

黄涛于后两年王洪文交办任务多,如产品、奢侈品。要什么东西,照相机、电视机、手表、猎枪、钓鱼〈杆〉竿……还有交办任务工程。从今年6月起王洪文、廖住在上海东湖招待所,开始主要是给主席作的如活络床,其中夹着非法东西。直接由廖祖康安排,单线联系。工交组三人参加,东湖招待所。1. 肖云机;2. 张澍园;3. 沈乐天。

黄涛一般晚上活动。搞活动房屋,微型冲锋枪50支,20个钢盔。来龙去脉准备再摸。如活动屋是通过军工组搞的。

黄涛贯彻“四人帮”黑指示,收集炮弹,干了不少,正在揭发。包括“风源”,黄不承认,说与辽宁代表商量的。“条条专政”是邓小平少数人。计划座谈会简报给政治局的,张春桥送给黄涛看了。

黄德兴:机关两个人民愤大,两霸,大霸王、小霸王,深受其害。平时有股气,不好讲,所以这次运动来得快。

真正与黄、陈了解的,李家骝、翁俨偌是了解的。

工交组:唐光煊、范崇星。

章:这次[对]“四人帮”很气愤,大快人心,所以很快发动起来。[对]马、徐、王的恶劣态度也很气愤。实际马、徐、王上了贼船,陷得很深。14日传达,把最主要情节不讲。如:1. 张是叛[徒]。2. 上海是发源地。3. 总理逝〈去〉世后,张要当总理。4. 14日传达前,常委会研究要不要称“四人帮”称同志。5. 传达后,给中央的电报中,徐景贤把“罪行”两字圈掉,说明向中央说假话,实际并未通。普遍要求改组上海市委。

上海是“四人帮”苦心经营多年的基地。盘根错节,群众看得准。有一股势力,非常厉害。

联系到工交组,“四人帮”对工交系[统]抓得很紧,很多迹象:马、王秀珍经常找工交组。徐——工交组。王——工会、民兵指挥[部]、妇联、组织组、十七棉(王洪文)、三十一棉(黄金海)、三十棉(王秀珍)。

经常找小兄弟开会。

特点：批林批孔由工会直接传达下去。批邓，一层一层吹风，工会系统。“四人帮”也是通过工会、妇联、民兵指。

黄：上海对企业管理不能讲，如钢 380 万吨完不成。管理，很多问题，但不敢抓，一抓就说管卡压。上钢一厂二车间十大代表找原因，钢材生产上不去，市委、局党委、厂党委都知道，就是不敢讲，不敢抓。这伙人，人心丧尽。张春桥在 1972 年 10 月 11、12 日下午市委开[的]经济工作汇报会[上]讲话，多引入一些进口技术。又讲质量评比时，是个大阴谋，即抓质量是个大阴谋。当时总理正抓质量，矛头指向总理。

章：他们讲上海 200 万工人左右形势的，要好好干，给中央工作的上海同志争光。今年 2、3 月市委召开党员会，工交系统作为炮弹，工交系系统成绩作资本，干部路线控制。

造武器，造享受品，也是由工交系统搞的。

所以[对]工交系统抓的非常之牢。

但整个来说还是揭发的初步。

1 月 8 日晚上，马、徐、王开基层座谈会，材料未抬头、具名，要下边大量翻印，其中，点了不少中央领导同志的名。在干部中造成很大混乱。

翁：张春桥说不仅七、八、九月，还[有]以前邓小平之流。邓小平打倒后，又说批邓是长期的，所以批邓的旗号是假，而是要分裂党。马、徐、王经常到处讲，批邓要想得深一点，想得远一点。到师大讲，批邓是二个司令部的斗争，说是朱永〈家〉嘉讲的。今年 1 月份讲的。马天水打电话要师大把大字报覆盖。实际要打倒中央一批人。

抬轿子：胡耀〈帮〉邦、周荣鑫二个人抬，邓小平在前边走。

说邓：拉二胡(胡乔木、胡耀邦)，扶周礼(周荣鑫)。

王秀珍在一、 二月讲，邓小平是还乡团的总团长，还有分团长。

章：今年 2 月 4 日，市委区县局党员干部会，黄涛讲活老虎要打，死老虎也要打。可见活老虎是指邓小平，死老虎是指谁?

反对总理是大虎。

翁：马天水十大回来讲，十大是毛主席口述我整理的，我自己也不理解。

小兄弟大部在工交系统(一部分)。

轻工业局马振龙(党委〈付〉副书记)。

机电一局王明龙(党委常委、工会主任、市总工会常委)。

后方基地党委戴立清(党委〈付〉副书记)。

纺织局唐文兰(党委〈付〉副书记,十七棉)。

总工会叶昌明(工会常委〈付〉副主任,主任王洪文)。

妇联汪湘君。

组织组金祖敏(到总工会),王日初(一把手,关键人物)。

文教组王〈成〉承龙(二把手)。

财贸组黄金海(一把手,总工会常委)。

民兵指挥部施尚英(二把手)。

写作组朱永〈家〉嘉(一把手),姚文元班了的;王知常(二把手)。

工交组黄涛(一把手);陈阿大(二把手)。

总工会常常星期一下午开常委会。

地区组曹征风(二把手)。

这些人虽然[是]二把手,但实际是掌实权。张春桥说要看大节,像这些[人]入党都入不了。王承龙、叶昌明、黄金海等入不了党,就换党委书记,直到[入][党][为][止]。黄金海是过去上海流〈亡〉氓阿飞,三十一棉[厂],皮光鞋,黑眼〈睛〉镜。

从老造反厂抽大批人到各单位,十七棉王洪文,良工阀门厂陈阿大,三十棉王秀珍。

张春桥、王洪文提拔干部标准是:领导熟〈习〉悉,群众拥护的就提。干部路线问题大。为篡党夺权作准备,〈语〉舆论搞写作组,组织组抓组织,民兵抓武装。总工会以王洪文为主,写作组张、王、徐、朱为主。

上海和各省关系紧张。

总工会到现在没有多少大字报,盖子未揭开。张春桥每次到上海,都见总工会、工总司。张春桥每次接见工总司,但不接见区县局同志。总工会办公室主任唐行南是知情人,王秀珍许多东西[是]唐给起草。

机关刚开始揭,总支还有顾虑。

王洪文说选金传德选错了,这是何宇生(机关党委〈付〉副书记,也是王洪文提起来的)说的。金传德是黄涛、陈阿大也看不起。虽是第三把手,但差得很远。

唐光煊——知情人，只写一张大字报，几年计划会议都参加。

翁——我个人和他们过去是密切的，我确实跟着他们干了些事情。

核心组抓运动，梁心明、史任远。

翁：这几天，游行……还没转过来，还有顾虑。我不是主要把手，我已经受审查。原核心组是黄、陈，家长统治。系统的情况要不要抓，不明确。一般说局党委很希望我们领导起来。

翁：自己多考虑揭发问题，端正态度。核心组大字报少，生产组大字报少。

翁：我们成为他们的工具，卖命干。

张载养：陈阿大[在]总理逝世后，在办公室踢足球，要秘书把门。

市革委下属 33 个局，其中纺织、电业、物资三局两派对立大。

纺织局党委 6 名书记分两派，一部分基层单位要筹备大会。王春晓（男，局党委常委，王秀珍支持）。王洪文支持唐文兰（〈付〉副书记）、余恒（〈付〉副书记）、刘旭其（〈付〉副书记）。

郭忠业：批林批孔王洪文批他是三不要，现词。

鲍复：原上钢五厂党委书记，现纺织局第一把手（张春桥说鲍到纺织局最放心）。

王春晓串连此人搞唐文兰，原定 26 日开会，恐怕开不起来。现在还僵在那里，鲍正在做工作。机关要振作起来，积极开展起来。

张宝林要摇身一变，要掌权，但能量不大。

轻工局：两派次之，主要是马振龙一条龙下去的，安插一批人。马振龙一倒，有些人怕层层揪，马下边有干将。轻工局 11 人党委，2 人病，还有 9 人，其中 5 人是马振龙的人，卷入武装暴乱，其余 4 人未卷入。

党委书记刘青舟，〈付〉副书记金阿娥（女），市委委员。

机关看马振龙的人都不容我。下边串连要开筹备会、批判会，应一元化领导。

翁：晚上开会时研究：1. 把各局抓起来。2. 金传德也不好抓。3. 机关开展起来。

翁：各组头头也有顾虑，抓机关工作紧了，是否转移方向了。

华东电业局：两派，局党委〈付〉副书记张国富有民愤，参与13日事件。〈付〉副书记童春岳，书记江流。党委内部两种观点，张国富、童春岳各有一帮。

物资局：一把手刚去世，谁主持工作未明确。叶纪亮，新干部，不太了解。王洪兴、曹维屏。

基地：梅山、大屯(江苏)、张家浜、新桥、后方基地、石化。

四川路上三条龙，王明龙(一机局，王洪文亲信)、马振龙(轻工局，王洪文亲信)、童海龙(造船公司党委〈付〉副书记，陈阿大的亲信)。

以亲排新：批林批孔开始时闹一阵。

陈〈培〉丕显问题，毛主席批示要解放。但张春桥说陈是上海1 000万人打倒的，得问上海人民。毛主席对干部政策，市委都封锁。

杨士法：柯老在时模范部长。

杨慧洁：只说一句"党章还修改?"被张春桥打到干校。

翁：他们是反对学大庆的，说学大庆要学根本，不能学具体，只戴帽子。他们本身反对大庆，要树上海的大庆。

翁：反映自己工作上有二个问题：

(一) 1. 经济工作方面，张春桥是代表正确路线的。

2. 风庆轮问题明明是攻击总理，他们大做文章。

3. 准备计划会议，实际是准备炮弹。

(二) 4. 批邓是假，整中央领导同志是真。王秀珍回来发材料点火，没有转弯子。

所以"四人帮"是10月份爆发，不是偶然的，而是经过大量准备(舆论、组织)，但市委第一次传达说"四人帮"与上海无关。

对市委开始传达是从外省传来的，有意见。

大家意见二点：

1. 昨天上台人，对五个人参加有意见，徐、王、叶、阿(群众不让去)、汪湘君(市委通知，除黄涛外都参加)。市委立场未真正转过来，到现在为止。

2. 李秀根，市委材料负责人，原市委办公室负责人，信不过，和马、王、徐关系密切。

到现在为止：黄、陈基本未交待，要害未讲出什么? 黄交四五份材料。

专案组负责人。

现在知情人不揭，恐怕不会再深，但知情人还未站出来。

意见：

1. 加强领导。

2. 核心组站起来揭发。

3. 机关与系统的工作结合起来。

我们信心很足，有点翻身感，像农民一样，打倒两霸。

翁：黄涛的笔记本，字看不清，把本[子]都交给本人整理，不行。

1976 年 10 月 26 日

大字报：史任远负责的黄、陈专案组，我们不放心。

上午，秘书组学习会（共 27 人参加）。

王秀英：昨天支部开会，与“四人帮”牵涉多的有两个人，黄涛（已看管）、陈阿大（基本管了）。21 人材料组，其中 8 人看管，主要讲黄、陈情况，开黄的会，打打威风。

21 人材料组，如何分工再说。当前主要是学习，今早市委常委先开会，研究武装叛乱。21 人中思想[问][题]〈满〉蛮多。

黄写 7 张大字报，但自己未摆进去。陈阿大自己不交待。生产由唐光煊负责。运动由秘书组、组干组负责。

翁偓偌：1. 学三个文件，学批结合。2. 加强具体领导，每天上午学习，晚一、五可搞面靠面，可搞背靠背，专题揭发：① 如武装暴乱（8—13 日）；② 黄的黑指示；③ 历次计划会议怎么分裂党中央；④ “四人帮”通过市委大造舆论，批邓；⑤ “四人帮”通过市委交待任务；⑥ 干部路线、组织路线；⑦ 黄、陈资产阶级生活[方][式]。总之，先从政治上着手，黄在计划座谈会放炮，是直接对准华主席为首党中央。

李家骝：我昨天感冒，没来，有些“四人帮”问题在上海可以回忆。如王洪文到上海柴油机厂，当领袖对待。走后，举行研讨会，制造舆论。运动搞深搞透要上下结合。黄涛活动也通过下边。由近到远把一个一个问题搞清。中央派来三位领导同志，派来工作组具体领导，分工有些人搞材料。

翁：昨天会上宣布一条纪律，任何人不许销毁材料。

王秀英：8—13 日在东湖招待所，生产组有三人参加，要回忆。

××：东湖招待所不只 8—13 日，金、高、翁、史负责搞运动。

××：支部、总支要想把运动搞深，知情人要起来，关键性人物要起来，如武装暴乱。范崇星是黄赏识的人，点子也多，所以知情人要帮助、揭发。东湖三人未动。

张载养：知情者要帮助，知情者不要先给抓工作，生产正合他们意，最重要的作知情人工作。要发动知情人。

××：知情人排一排队，要造革命声势。黄涛大字报应[尽]快抄出来，是否打，征求大家意见。

××：唐光煊只出一张大字报，知情人。

××：核心要揭发。

333 号房间：(应 20 余人，实 16 人)。

小组组成：秘书、司机(7 人)、打字员、值班、来信来访。

司机：核心盖子未揭开，“四人帮”未出前，我说华当主席，×××说“王洪文为什么不能当主席”。8—13 日，黄、陈经常去东湖招待所。

王秀英：从上海市委成立到现在，未给中央办公厅打过电话，都是给“四人帮”的。

××：康平路秘书组未揭发问题。陈阿大岳父是国民党少校。陈阿大小舅子未入党就提为党委〈付〉副书记。组织路线大有问题，乌龟王八蛋都入党，工交组拍马的就提拔，抵制就调走。祝家〈姚〉耀到公安部，他就是拍陈阿大马屁。祝家〈姚〉耀、陈锦珍(财贸组)、冯品德(海运局)、周〈洪〉宏宝(上钢一厂)、江湘君(妇联主任)、张国权(六机部)，这些人头一天还不知道，第二天就宣布[为]中央委员。

××：当各组头头，都是拍马的。工会领导。王惠录(江苏沛县大屯煤矿第二把手)，是王洪文小兄弟，文化大革命前[是]中国钟厂技术员，和王洪文一块入党。其后父[是]土匪，全家土匪，靠土匪长大。念书、被斗，自己回去说我是工总司的，就不斗了，贫下中农很有意见，但工交组要提入党。我提意见。

下午，联络员会议。

纺织局：1. 纺织局 22 个棉纺厂，到 9 月份止损失。50 个班产量，〈予〉预计 1—20 日比 9 月同期平均班组产[量]增长 10%以上。10 月产[量]可拉回。

群众口号：外地上去后，我们上海怎么办？

2. 上海第一棉纺厂，10 月份比 9 月份提高，单产提高 1%。估计 10 月可超过计划 10%。质量一等一级品率由 93%到 94%。

3. 三十一棉也生产(黄金海厂)，也正常。

华国锋主席当我们领袖，放心、放心、最放心。揪出“四人帮”，开心、开心、最开心。抓革命、促生产，要跃进、跃进、再跃进。

纺织局共 11 个公司，其中 9 个公司比 9 月份有增长，丝绸公司增长 10%。整个纺织局 10 月中旬是今年以来的最好水平，比 9 月中旬增长 6.6%。

总的形势是很好的。

问题：原料有缺口。硫酸需 2 500 吨，实供 1 700 吨，缺 800 吨。到白银矿，去了，支持，南京路局也去了。

22 日纺织局召开各公司革委会〈付〉副主任、生产组负责人会议，了解生产情况，抓好批“四人帮”，抓革命促生产，分头开座谈会。

各公司情况都好。

冶金局：10 月份，平均钢 10 860 吨，有一厂、三厂化铁炉未开足 2—3 个。上钢一厂，开万人大会 5 次，参加游行 3 次。厂里 1.8 万人，未影响生产，缺焦炭。三转炉放高产，缺焦。

大字报：1. 去年三季王洪文到上钢一厂去一次。2. 今年 10 月 12—14 日，冶金局党委〈付〉副书记陈杏泉、工会主席吴龙根，三个晚上去三次。他们来干什么的？

上钢三厂：民兵师设在三厂，一部电台。

上钢五厂(三张大字张)：1. 1974 年批林批孔江青派谢静〈一〉宜、〈驰〉迟群送来一批材料，天津小靳庄三字经。2. 去年夏天王洪文去过一次晚上，问在干什么？交待！3. 今年计划座谈会，王丙英(原电工，去年提车间总支〈付〉副书记)炮弹谁供应的。王丙英惯偷，贪污 2 000 元，开除，黄涛讲话了，说明帮助“四人帮”做事。

党委星期五开大会，党委表态。

林跃华：十大代表，理论队伍负责人之一，二电炉车间。10 月 13 日听说“四人帮”抓起来，别人问他，他说独立思考后，哭了。别人说：你是〈那〉哪个阶级的？他正在搞吕后传。

抓生产的同志很高兴。过去不能管,一管就说是管卡压,50 个汽水瓶没有了。

冶金局当前问题:1. 焦炭不足,紧张,修焦炉,日缺 150 吨。2. 劳动力不足,2 278 人,已给 1 000 人,缺 1 278 人。3. 生铁紧,5 万吨,够 6 天。

机电一局:形势很好,揪出“四人帮”,人心大快。上周开大会,已批判了王明龙(工会主席、局常委)、彭夫力(市革委会常委、市委委员、局书记)。王明龙是不挂〈明〉名的一把手,是王洪文秘书,廖祖康关系秘书,态度不老实,参与叶昌明反革命政变。王明龙是“风源”,几个黑会都参加。13 日上午,叶昌明到机电一局,王明龙、彭夫力、黄新生(〈付〉副书记)吹了风。

生产情况正常,1—5 月生产负号,1—10 月比去年同期增长,今天下午召集各公司书记开会。明天召开各直属厂书记会议。

人〈龙〉隆机器厂:党委书记孙岳泽曾吹嘘过和王洪文吃过饭,群众批他,他说欢迎群众批,但生产我还要抓。

第六机床厂:130 个月,月月完成计划,600 多人。厂总支书记说,〈叶〉业余闹革命,下班后用车去城里看大字报。

上海汽车厂(在安亭),也是〈叶〉业余用汽车运到上海看大字报。

汽车配件厂,缺锡 50 吨。汽车轴瓦厂,缺锡 50 吨。

仪表局:10 月比去[去]年同期增长 18%,10 月超产计划 6%。共 146 个厂(4 个公司),昨跑了 19 个厂,有 18 个厂好,最差的无线电四厂。指挥灵,群众情绪高。无线电十三厂提前 2 个月完成今年任务。上海调解十厂,提前 2 个月完成今年任务。今年计划 2 600 万元产值,提前 2 个月完成,年底再增产,完成 400 万元。第六电表厂,干群关系,14 日传达后,心情舒畅,干群关系好了。一〇一厂(收音机、电子设备、雷达),老工人说人逢喜事精神爽,身有重病轻三分,革命干劲添万分。

最差的厂是上海无线电四厂,王洪文老婆(一车间党委〈付〉副书记),原说此人是特殊人物,平时讲污〈灭〉蔑总理和主席的话,现在此人已给搞走了。

轻工局:革命形势好,批判会不断,揪马振龙,一个厂一个厂斗,各厂联合斗(门口车等),共 12 个公司。

全局 1—20 日生产比去年同期增 9%,钟表公司增 38%,食品公司增 23%,器皿公司增 13%,皮塑公司增 11%,五金公司增 10%。

冶金局：明天下午冶金系统开大会，1—2 万人，文化广场。

陈任志：1. 农机需配件要注意。2. 抓节约。

七个主要工业局：冶金 12 万人，化工 12 万人，一机 35 万人，仪表 10 万人，轻工 23 万人，纺织 38 万人，手工 10 万人。物资局，电管局。一星期碰一次头，有时生产组负责人。

共有 33 个局一级的单位。

比较差的厂：

1. 江南造船厂。上班，但不大干活，出工不出力。过去王洪文是工宣团团长，现党委书记，当时工宣团政委。所以[要]打倒王洪文，揪出黑政委。民兵指挥部头施尚英是江南造船厂[的]。

2. 上海机床厂，十条经验。

3. 小化肥厂减产，部分厂缺无烟块煤(晋东南)，日需 500 吨，实际 200 吨。

4. 缺玉米，作溶剂，东北。30 日没有了。

碰头：

1. 要求加强运动领导。

2. 发动核心人物、知情人问题。

3. 轻工局 12 个常委，2 人无联系。

4. 专题：① 计划会议；② 科技组整八个〈付〉副总理材料；③ 工交组篡党夺权组织准备；④ 经济工作破坏。

知情人：秘书组，翁俨偌、李家骝；生产组，范崇星、陈任之、唐光煊；基建组，姚国铭；组干组，施[史]任远；军工组，严秀坤、王英金、任锡康。

化肥缺无烟煤 20 万余[吨]，无烟块 4 万余[吨]。一个月需 25 万吨(其中生活用煤 15 万吨)，到货 9 月 14 万吨，10 月 18 万吨(其中朝鲜 4 万吨)。现库存 3 万吨(作煤球只用一星期)，日需 5 000 吨。

原产合成氨日产 330 吨，现合成氨日产 160 吨，半负荷生产。

322 房间，物资局煤炭场屠东海，工交组、生产组、调度组支仲余。

下午，城建局党委书记王克、〈付〉副书记徐福根，明天开大会，希黄涛、陈阿大、叶昌明到场。

王洪文,原上棉十七厂。

王秀珍,原上棉三十厂。

黄金海,原上棉三十一厂,现财经组负责人。

杨富珍,原上棉一厂,现全国妇联负责人。

陈阿大,原良工阀门厂,现工交组负责人。

马振龙,原搪瓷机修厂,现轻工局党委〈付〉副书记。

胜海龙,原良工阀门厂,现造船公司党委〈付〉副书记。

金祖敏,原上海电机厂,现全国总工会筹备组组长。

祝家〈跃〉耀,原五七〇三厂(飞机),现公安部负责人。

周〈红〉宏宝,原上钢一厂工人,现教育部负责人。

张国全,原江南造船厂工人,现六机部核心[组]。

唐文兰,原上棉十七厂,现纺织局党委〈付〉副书记。

叶昌明,原合成纤维研究所,现市总工会负责人。

汪湘君,原停经片厂,现市妇联负责人。

1. 生产幅度上升逐年减少。

2. 财政收入逐年减少。

3. 体制问题,工交组、工划统计组、政治部。

4. 江南造船厂问题。① 施尚英是造船厂的(民兵指挥部总指挥);② 王洪文是江南造船厂的团长;③ 黄涛是江南造船厂的党委书记,黄原是政委,现党委书记。

今天开会,工作组已取消,我们被称之为帮助工作。参加各单位核心组,有一批人。参加工交、计划、科技,核心组的彭德清(交通部)、阎济民、李锡铭、李景昭、徐良图。

工交组、财贸组领导基本瘫痪。

财贸组:任泉生、郑拓彬。

郊区组:郭世荣。

地区组：罗淑珍。

文教组：陈锦华、鲁万章(一轻局)、王金光(二轻局)。

组织组：赵振东，包括〈轻〉青、工、妇、直属。

外事统战组：秦仲达。

写作组：车文仪。

公安(警卫处)：严佑民。

市委办：曹大澄、韩韬、阮忠敬。

1976 年 10 月 30 日

上午，苏振华、倪志福、彭冲三位领导同志见面。

乎加：从中央各部来 87 人(部 11，司局 32)，另有新影 36 人，合计 123 人。原工作组形式不存在了，我们是在市委领导下。

苏振华：同志们，我们刚来几天，情况不熟，从北京来的，中央机关、北京市委，有的领导同志，今天主要是见见面！

林乎加、〈阎〉严佑民、张廷[发]〈付〉副[司][令](南京军区)。

中组部 5 人，北京市，总政 5 人。

计委，建委 7，冶金部 3。

石化部 5，水电。

一机 2，六机，交通。

邮电 6 人，轻工 8，商业 5。

外贸 6，供销 3，物资 2。

新影，北京电视台 36 人。

今天就是见个面，我先说几句，然后由倪志福同志和彭冲同志讲话。

这次华主席对上海非常重视，揭发“四人帮”，搞好抓革命、促生产，各单位挑选的同志们到上海来工作。很信任。一定要按中央、华主席指示，结合上海情况把运动搞好，把生产搞好。有的同志来的很急，这好，团结紧张严肃活泼，中央一声令下就行动。华主席、党中央为什么对上海这样关心呢？1. 上海一千万人民，在政治上、经济上、军事上[很][重][要]。2. 上海是“四人帮”妄图把上海作为篡党夺权的阵地，确实搞了不少阴谋活动，篡改毛主席指示，在上海另搞一套，把上海当作独立王国，不听从中央的，来干扰破坏毛主席革命路线的贯彻,有些已经进行了破坏。上海的人民、党员是好的,上海是党的发源地,一月风暴,上海是八亿中国人民、一千万[上][海]人民的上海,是中华人民共和国的上海,“四人帮”要把上海作为推行反革命路线的阵地。这个问题既不能估计过高,这是主流、基本的,但对他们的破坏作用没有适当估计也不对。[要]批判他的反动实质。所以要我们来,有它的复杂性,是和过去出差、一般调查研究不同的。

既来之,则安之。据说有少数同志要回机关、北京,这很自然的,思想精力要集中,不能分散精力。首先要安下心来,要有相当一段工作的思想准备。

至于说来到上海是否待一辈子?这是辩证的,也可能长一点,也可能短一点,但有一条要把上海工作做好。起码把运动搞好。到一定时间回北京看看是可以的。至于把我们统统都留下?彭政委是走不了的了。讲一个故事:主席〈把〉要我们搞学校,主席讲要有决心。

有同志说我们是搞业务的,搞运动信心不足。在北京搞什么,在这里还搞什么。搞业务也要把政治提在第一位嘛!

要注意:

1. 要相信群众。

2. 党委一元化领导。

3. 掌握方针政策、策略。

4. 到群众运动中去,和群众一道搞运动并不难。抓阶级斗争,搞阶级斗争不是少数人包办的。否则走偏方向。过去,运动被“四人帮”干扰破坏,使我们不断有曲折,现在消除了,就好办了。革命斗争道路上就是复杂的,不可能一帆风顺的。简单化本身就不合辩证〈好〉法的。对我们从群众中吸取营养,作群众小学生,这就是大学。

要勇于负责,我党给留下很好的作风,但邓小平错误,特别“四人帮”的破坏。没有关系,你们想把工作做好,犯了错误,不要紧。当然,明知故犯不好。我们给担负责任。当然,大家要谦虚谨慎。

最后,上海 1 000 万人,要搞好工作,首先要把当地党组织搞好。市委工作复杂一点,我们不依靠它。有少数人说过错话,做过错事,对这些人只要不是陷得很深,跟着他们走的,热情帮助他们,犯点错误,改了就好。对党委成立搞好团结,不当钦差大臣,要支持他们好的意见,对错误意见要帮助。要把各班子搞好，只是我们单枪匹马不行。“四人帮”就是抓住不放，一棍子打死。我们要按主席指示办，和稀泥不行。“参加领导，帮助工作”，主要的工作要他们做，否则，你也包办不了。

要严格区分两类不同矛盾：跟的资产阶级和参与阶级活动的，与说了错话要分开。前者经过斗争，矛盾也会转化。扩大教育面，缩小打击面。各方面意见都要听。

倪志福：刚才苏政委讲的很重要，同志们做了很多工作，很好。我们刚来，情况还不了解，首先是调查研究。当前的条件很好，是以华国锋同志为首党中央支持，天安门大会向全世界宣布，全国形势很好，上海形势也很好。“四人帮”把上海作为篡党夺权的阵地，高压手段，火山一样爆发，所以要依靠广大群众。但也要看到“四人帮”经营多少年了，全国没有转〈湾〉弯子的问题，人心大快，但对上海来讲，广大群众没有转弯子问题，但对部分人有转弯子问题。有人说了错话，办了错事，要作细致深入工作，允许他有个认识过程，做思想工作不要急，急了适得其反。上海确有他一部分人，有参与者，也有影响的，两者矛盾要区分开。做好工作条件很好，关键是在于我们的工作。工作做好了，就回去了。工作主要靠上海干部，否则工作做不好，我们在这就要长一点。

同志们，十几年来，对搞运动大家都懂，因“四人帮”干扰，翻烧〈并〉饼的不少，要注意发现先进分子。“四人帮”搞的小兄弟、帮会，是地痞、流〈亡〉氓、阿飞。破他错误路线，立主席正确路线，依靠真正的工人阶级。

上海是独立王国，水泼不进，借此机会了解一番。对我们三个同志，中央决定我们来，我虽是上海人，已是 23 年了。我们在市委，有不当之处，及时提出。防止出问题，少走〈湾〉弯路。

下面请彭冲同志，他[是]留下的同志，多讲讲。

彭冲：我也是中央通知后，去北京，又来上海，还没回南京。我也长期没来上海了(苏：我也 11 年了)。

上靠党中央，下靠上海广大群众，现在情况进展迅猛发展，比我们估计的还好。革命洪流挡不住，〈抵〉的确“四人帮”干扰不能低估。昨天开了座谈会，工交、财贸。今天下午开文教的。

当前布署，整个说贯彻、落实 16 号文件。上海反映强烈：1. 苏讲话合乎 16 号文件。2. 点出了上[海]的问题。我们不是工作组，直接抓上海工作，现在就要把上海广大群众积极性引导，矛头指向“四人帮”，必须要联系一些上海一些负责人。防止层层揪出“四人帮”，目前不过十个左右。

第一，认真学好16号文件、吴德同志讲话、苏振华同志讲话，掌握政策，发动群众揭露“四人帮”罪行，掌握大方向。以中央文件精神，在本单位开展边学习、边揭发、边议论，当前着重揭发。不是要作文章，而是广大群众声讨、揭发。因势〈力〉利导，就是在本单位，纳入无产阶级轨道。二商局两派通过批“四人帮”联合起来了。方法上，要开大、中、小[会]结合，担心问题是怕搞大串连。各部来上海同志是吃得香的，是灵的，管用的。我们自己也有学习的。三番五令的讲不准成立战斗队，搞串连。要做工作。

第二，上海有它主要关系，抓革命，促生产，促工作，促战备。上海对全国有政治、经济影响，经济生活要搞好，各项工作搞得更好。我们来时，华主席、中央同志、国家计委都要[求]做好抓革命、促生产。今冬明春工作搞好，早作计划，早安排。明年一季搞好，为明年做好准备。

第三，巩固革命秩序。要处理一批。典型引路。把目前庆祝二个伟大胜利，群众爆发的积极性。

中央来的同志由林乎加、严〈付〉副部长牵个头。总的靠上海市委。当前不是了解情况，而是直接抓起来。不要怕，有事情我们负责。要按主席路线办，按三要三不要办，怕什么！但要谨慎。

林乎加：把党中央交给我们的任务完成得更好。

现分四个方面：

1. 钢铁；2. 煤炭；3. 电；4. 交通。有日报，其他无日报有旬报。冶金局、化工局有日报，机电搞不出日报。

基建组，陈惠君。

生产组，王煜，319房间(原国防办、造船)。

生产组，李永源(机械)。

王煜，三头：笔头、舌头、噱头。

工交组和综合计划组的关系，计划组未发挥作用。头疼医头，脚疼医脚。

唐光煊：计划、物资，带一点造船。

葛〈恒〉衡：电、煤、运、二四厂、对外协作。

陈任之：日常生产、电子、电影。

范崇星：技术改造，展览会。

反映大的范崇星和陈任之，范入党通不过，范一入党就参加生产组组长。

生产组：工业小组、交通小组、调度小组、计划物资小组、协作小组、技术小组。

陈任之从北京打来电话：北京开电影工业会议。

10 日晚。

12 日。

8 日开幕会，刘柏罗讲王洪文很重视。10 日刘柏罗讲我在 8 日讲话有错误。陈任之 10 日打回电话给东湖招待所。

建议工作组开群众座谈会。工交组领导就抓几个人。

小梁：1. 工交组是"四人帮"在上海基地的基地，其中三个核心，秘书组、生产组、组织组。2. 金传德未起来揭发。3. 如何解决工交组对运动领导问题。

范崇星，双突人物，去年 9 月入党，10 月 21 日任命〈付〉副组长，准备提拔〈付〉副部长，拿定息。

工交组，对内、对外都是大国沙文主义，人、物、权都在工交组。

金传德，和黄、陈有区别，但不等于没问题。1. 黄从莱芜 9 日回来，金传德和陈阿大到车站接的，到房间讲了什么？ 2. 马天水传达，金哭了两夜，说"证据不足"。3. 忠实执行"四人帮"黑指示，界线没划清，揭发什么？ 4. 金传德从 1974 年开始参加市委常委工作，享受常委待遇。10 月 8 日常委会(反革命叛乱)他参加了。

乐家康，沉默。

黄涛同"四人帮"的阴谋活动必须彻底交待！

李家骝

1976 年 10 月 18 日

(一) 1975 年 10 月，去北京参加全国计划会议，在虹桥机场一号休息室，有王秀珍等人送行。王秀珍对黄涛说这次会议斗争会很尖锐(大意)，黄涛回答说:“有了昨天晚上一碗酒垫底,我们都不怕了。”黄涛讲的一碗酒,就是王洪文在黄涛去京之前在上海的一次单独见面密谈。而且,王洪文还把国家计委为会议准备的全套绝密文件(送中央政治局审查的),送交黄涛去看。王洪文究竟对你讲了〈那〉哪些黑话,作了〈那〉哪些黑指示?黄涛必须老实交待!

(二)在今年7月全国计划工作座谈会上,黄涛同辽宁的杨春甫配合,发动对经济各部、国务院有关领导同志攻击,连冶金部部长陈绍昆的发言,事前也要送黄涛来看,情况极不正常。国锋同志讲:这次会议开得是好的。而黄涛在听了国锋同志讲话后,有一天下午很激动地讲:“你们要很好去想一想,我看这次会是‘走资派还在走’的一次充分表演。”公然反对国锋同志代表政治局对会议所作的结论。王洪文在会议前、会议中同你单独接触频繁(约四五次),你们在分裂党、搞阴谋方面有过〈那〉哪些密谈,必须彻底交待!

(三)在今年7月全国计划工作座谈会期间,福建省委有十来个负责人也住在京西宾馆,黄涛在同福建省的一个同志谈话中,在讲到批邓斗争的情况时,黄涛说:“最近从中央组织部查到了他们搞的一个整党计划。”中央组织部是登奎同志分管的,黄涛是把矛头对着登奎同志的。黄涛必须交待:你这话是从〈那〉哪个反党、分裂分子那里听来的?你们还谈了〈那〉哪些黑话?

(四)今年全国计划座谈会后期,中央政治局在7月24日听取了汇报,并作了指示,谷牧同志传达了中央政治局的指示。黄涛下令把中央政治局同志指示传达稿复写分送给王洪文、张春桥、姚文元。我们要问黄涛:王、张、姚都是参加7月24日政治局会议的,为什么还要送材料?黄涛的罪恶目的是收集国务院领导同志的材料。

(五)在1975年底全国计划会议期间[内],批奇谈怪论刚刚开始,还未点名,黄涛要找邓小平在铁路会议、钢铁会议以及国防工业重点企业会议上的讲话(国防工业重点企业会议讲话材料中包括叶〈付〉副主席讲话)。为此,打电话回上海要了这几份材料。黄涛你怎么知道中央政治局已在批判邓小平?你要叶〈付〉副主席讲话材料的阴谋必须交待!

(六)1973年王洪文打电话到上海市委,要立即收集国务院各部文件中未公开发表过的毛主席语录。根据王洪文的黑指示,工交组翻阅了各部文件,摘录了毛主席语录。这是王洪文整国务院领导同志的一个大阴谋。马天水、徐景贤、王秀珍、黄涛必须老实交待这个阴谋!

黄涛是“四人帮”在上海的黑总管

居开松、蒋庆良、杨之仁

1976 年 10 月 16 日下午 2 时

黄涛对“四人帮”发来的黑指令唯命是从，百般迎合。“四人帮”无论大事小事都要直接〈受〉授意给黄涛。黄涛大慷国家之慨，用国家的资金和材料精心制作奢侈用品，满足“四人帮”穷凶极恶、腐朽没落的资产阶级生活的需要。为“四人帮”篡党夺权，搞修正主义提供了大量物资基础。

（一）王洪文打鸟用的枪，就是黄涛亲自组织特制的，并且亲自带到北京当面送到王洪文的手里。

（二）在伟大领袖和导师毛主席逝世[后]，举国上下悲痛万分的日子里，黄涛整天忙于为王洪文特需的中频高低音扬声器、双片道电影放映机，半夜三更还要赶到厂里检查生产情况，整个生产过程黄涛亲自抓在手里。

（三）黄涛为江青精心织造各式各样奇〈型〉形怪状、质地特殊的高级乔奇纱等穿着用品。

（四）黄涛为王洪文精心制造高级保险轿车。黄涛在北京期间要上海把轿车送到北京，供王洪文享用。

黄涛在干这些勾当时，都是亲自抓，神秘得很，真是费尽心机。黄涛通过提供这些物资更加深了他和“四人帮”不可告人的关系。

市委某些头头必须彻底交待同“四人帮”的黑关系！！！

翁俨偌

1976 年 10 月 18 日

今年 4 月中央打招呼会议期间，“四人帮”王、张、江、姚多次窜来上海代表团住地，讲了很多话，马、徐、王、黄还分别到钓鱼台江青、张春桥那里去，谈了好几个小时，就我听到的揭发两点：

一、江青说：“他们把我关在笼子里，不让我出来，不让我讲话，迫害我。”还说：“你们是上海帮，他们也把我圈进去了，说我也是上海帮。”这是公然把矛头指向伟大领袖毛主席，疯狂对抗毛主席对她的严厉批评。

二、马、徐、王、黄在江青那里，他们对江青肉麻地说：“江青同志，你要保重身体，继续领导我们战斗。”还说：“希望你能到上海来，现在批邓已经取得胜利了嘛!”江青说:“现在是第一个战役取得了胜利。”

以上证明,市委某些头头已经完全投靠了反党集团“四人帮”! 所谓“第一个战役”意味着什么? 联系到市委某些头头扬言“现在中央路线斗争很复杂”,“准备进行一场新的战斗”,其罪恶阴谋不是很清楚了吗?!

黄涛攻击华国锋同志的一个罪证!

李家骝、范崇星

1976 年 10 月 16 日

7 月 30 日,国锋同志在接见全国计划工作座谈会代表时作了重要讲话,我们作了认真记录,连夜整理了出来。当天晚上,黄涛接到张春桥的电话,匆匆赶去聆听黑指示,直至深夜才归。第二天早上我们准备迅速把国锋同志讲话复写出来,便于带回来传达,黄涛非常恼火,把记录本拿在手里一扬,恶狠狠地说:“整理什么?! 你们好好去动动脑筋,这里面有文章!”我们要责问黄涛,你为什么对国锋同志的讲话那样咬牙切齿?! 这里面有什么文章?! 张春桥跟你讲点什么?!

黄涛在计划工作座谈会上充当“四人帮”的黑先锋

李家骝、范崇星

1976 年 10 月 17 日

黄涛在今年 7 月全国计划工作座谈会上的发言中,有两处对会议“震动”最大,也是他配合“四人帮”反党夺权的大暴露。这两点是:

一、讲右倾翻案风的“风源”在于务虚会。(注:国务院的务虚会于 1975 年 6 月 16 日到 8 月上旬召开,主要讨论计划工作,邓小平从头到尾都没有参加过务虚会。而是国锋、先念、登奎等其他中央政治局同志主持召开的。)关于务虚会的全部简报,在 1975 年底召开的全国计划会议上,作为绝密材料,黄涛是看过的。你是全部了解务虚会的情况的。毛主席党中央明确指出,右倾翻案风中央负责,即邓小平负责。邓小平是右倾翻案风的“风源”,而黄涛大讲,“风源”在务虚会,究竟想干什么? 其反党罪恶目的不是很清楚吗?

二、讲“条条专政”是以邓小平为代表的少数人专地方的政,专毛主席为首的党中央的政，也专了相当多的一部分中央各部的政。黄涛的这段话，口气之大，令人吃惊。从黄涛的这段话中可以看出，专以毛主席为首党中央政的少数人，在邓小平之下，在各部之上，矛头指向谁不是很清楚了吗？

我们要问：1. 这两点在上海准备材料时都没有。2. 在北京议论发言时，也没有其他任何一个同志提出过，那么这两点是〈那〉哪里来的呢？联系到在会议期间在发言之前，多次单独同王洪文见面密谈，来源不是很清楚吗?!

前天晚上你讲"风源"问题是自己发明的，想堵漏洞，这是不行的。你同"四人帮"的关系、罪行必须老实交待！

勒　令

机电一局军工组革命群众

1976 年 10 月 19 日

黄涛交待几个问题：

（一）你私自布置镀铬的一支左轮手枪是从〈那〉哪里来的？

（二）你在××厂私造的 200〈付〉副手铐，到〈那〉哪里去了？

（三）你要在××厂安排生产一批手枪任务，准备干什么的？

大字报：触目惊心的反革命政变准备

上海异型钢管厂毛细管车间广大群众

1976 年 10 月 17 日

今年 8 月市革会工交组直接来我厂命令停止我厂所有其他军工任务，其中包括停掉保卫党中央毛主席的 519 任务，强迫布置生产 2 吨直径 12—40 毫米、壁厚 1.5—2 毫米的六种无缝钢管，要限时限刻交货，分给上海江南造船厂、国棉三十一厂和胜利木材厂。他们叫嚷这任务是马天水直接抓的，黄涛是跑腿的，比党中央政治局下达的任务还紧急，结果无任何手〈绪〉续，在 8 月 27 日给拿去了。在我厂干部和群众追问下，〈慌〉谎报是给主席做活络床和活络车的，实际上是造微型冲锋枪、火箭筒、雷管等新式武器，是他们反革命政变的武器。

大字报：看新资产阶级分子张春桥的丑恶嘴脸

张春桥一贯披着马列主义外衣，一边叫限制资产阶级法权，一边又无孔不入享受资产阶级法权。他的女儿张维维原是复旦附中 66 届高中毕业生，平时就骄横跋扈，与师生们格格不入。毕业分配时，群众评议她去崇明农场，但这个资产阶级特权阶层的“千金”，铺盖刚到崇明，就由上海市委的工作人员跑到复旦附中与校分配小组说：“中央有指示，为了首长的安全，张维维不适宜去农场。”于是张维维的行李就不翼而飞了。张维维一头钻进了部队镀金，过着资产阶级特权阶层生活。事后，复旦附中的红卫兵很气愤，油印了传单，准备散发，但是被市委压制下去了。

最近，张维维结婚，市委领导同志亲自到场，徐景贤、王秀珍送了一架彩色电视机，价值 2 000 多元，还有 100 多元的高级毛毯及樟木箱等，陈阿大还送礼人民币 1 000 余元。结婚时在锦江饭店，仅酒席就办了 50 桌，花人民币 7 500 多元。

张春桥小女儿是 69 届初中毕业生，张春桥走后门参军，又以工农兵学员名义进入复旦大学英语系。今年毕业时，党动员大学生到西藏去干革命。她说有气喘病到西藏不适应，现在混了个所谓“研究生”的头衔。张女儿名义上是工农兵学员，实际上权力通天。周总理逝世后，张的女儿散布：“我的父亲张春桥能接任总理。”毛主席说这些走资派，是已经变成或正在变成吸工人血的新资产阶级分子。

大字报：王洪文是农场的逃兵

上海市星火农村干部群众

王洪文曾参加过崇明围垦，是一个大队的团支部书记兼人保干事。当市委决定农场要定员时，他留恋城市，贪图安逸，大吵大闹地说：“我算个啥干部！”卷起铺盖私自逃回上海。大队干部、群众对他极为不满，停发他两个月工资，并记了旷工。

大字报：王秀珍必须老实交待！

星火农场干部群众

10 月 4 日张春桥的儿子张旗接到其臭母亲来信说：张春桥同意他到北京

去。5 日张旗回沪了解安排后，6 日又带王洪文的小子到农场玩，晚上对人讲，王阿姨（王秀珍）叫我什么时候去北京，走时告诉她一声，她有事托我跟我爸爸讲。到底什么事？

大字报："四人帮"篡党夺权蓄谋已久！

——从张春桥儿子张旗一封信中看张春桥狼子野心

1976 年 10 月 21 日

星火农场 28 连

张春桥儿子张旗，今年 6 月分配在星火 28 连，平时表面上不多响，但跟他反动老子一样，对政治极感兴趣，可谓嗅觉很灵。毛主席逝世后，在他给同学的一封信中写道："激烈的斗争刚开始，我们要有所准备，多着三年，少着一年，党内走资派，还会和无产阶级进行较量。"他指的走资派是指以华国锋同志为首的党中央，含沙射影，暴露了篡党夺权的狼子野心。

大字报：从印黑材料看"四人帮"篡党夺权的狼子野心

今年 2 月中央对批邓材料还未正式下达之前，轻工业局受"四人帮"黑指示，马振龙连夜指挥印刷公司要我厂赶印大量的"国务院领导同志在听取胡耀邦同志汇报时的讲话"，记录摘抄稿，其中点了包括华国锋同志在内的六个〈付〉副总理的名。一工人指出：一无承印正式手〈绪〉续；二无出处；三无版权，坚决拒印。当时马振龙在电话中气势汹汹地说："这是市委要印的，有事情我负责。"

上海市革委会工交组机关工作人员名册，10 份。

1. 侯宝勤、郑定铨，1 份（16 号）。

2. 李景昭，1 份（17 号）。

3. 王德瑛，1 份（18 号）。

4. 周力，1 份（19 号）。

张春桥，第一书记，革委会主任。

姚文元，第二书记，革委会〈付〉副主任。

王洪文，书记，革委会〈付〉副主任。

马天水，书记，革委会〈付〉副主任。

周纯麟，书记。

徐景贤，书记，革委会〈付〉副主任。

王秀珍，书记，革委会〈付〉副主任。

王少庸，常委，革委会〈付〉副主任。

冯国柱，常委，革委会〈付〉副主任。

张敬标，常委。

黄涛，常委。

金祖敏，常委，革委会〈付〉副主任(调全总)。

陈阿大，列席(工交组)。

叶昌明，列席(工会)。

陈新发，列席(团市委书记)。

出差上海(二)

1976 年 11 月 2 日

工作组和上海工交组、各局同志见面。

乎加同志：见见面。

金传德：介绍各局的人名。

徐良图：介绍了工作组人员。

10 月 29 日下午，苏振华、倪志福、彭冲同志找了工交、财贸组和部分局开了座谈会，在会上汇报了当前运动情况和反映了意见和要求。对当前运动和工作作了很多指示，主要精神是：

领导同志首先指出，今后开会作风要改一下，党委会不能随意外传。不能上街，要讲纪律，过去"四人帮"把我党好传统破坏了，改变坏作风。领导同志说：当前运动总的形势大好，但也不要低估"四人帮"的影响，这是一场两个阶级、两条道路、两条路线的斗争。"四人帮"就是要搞修正主义，搞分裂，搞阴谋诡计，他们披着左派外衣，把自己打扮成正确路线代表。目前，矛头对准"四人帮"，"四人帮"是党内资本家典型代表，比资本家还厉害，矛头指向"四人帮"。领导同志说，现在斗争刚开始，还有大量工作要做。大家建议召开市委扩大会，大、中、小会议相结合，认真学习，深入揭发批判"四人帮"，这些意见很好。现在要作准备，首先要认真学习，武装思想，要学习中央 16 号文件、吴德同志讲话、两报一刊重要社论，学习苏振华同志重要讲话，广泛发动群众，并且做知情人工作。逐步引导到本系统、本单位，边学、边揭、边批，边声讨。这场斗争是马列主义、毛泽东思想的普及教育。上海广大干部和群众，经过文化大革命、批林批孔、批邓反击右倾翻案风，路线觉悟是高的，不像少数人估计那样。领导同志说，许多单位要求派人去帮助，以华国锋同志为首党中央对上海非常关心，派来了中央工作组，原来工作组的同志只是了解情况反映问题，现在直接参加领导，帮助工作。工交、计划、科技这几个方面，由林乎加同志负责。各部同志帮助把运动搞好。上海市公安工作，中央派公安部〈付〉副部长严佑民同志负责。

领导同志说，开市委扩大会议，要认真做准备工作，受"四人帮"影响的同志，要放下包袱，轻装上阵，共同对敌，领导要到群众中去，和群众一起深入揭发批判“四人帮”。

领导同志说，有几个工厂问题要做好工作，如上海机床厂、上钢五厂。要去和上边联系多一些，应揭发“四人帮”罪行，揭发市委某些人的问题。领导部门要到这些地方去工作，各单位有好的经验，可向市委报告。

领导同志说，中央、国务院派来的同志，到各单位直接参加工作，帮助你们，但你们也不要依赖，你们要大胆负责。至于个别人受“四人帮”影响，讲过错话，做过错事，是执行的，要跟那些跟得很紧、陷得很深的人区别开来。这些人要带头揭发。至于自己有错误，要自我批评，群众会谅解，就有可能取得主动。

各级党委站在运动前〈例〉列，严格按方针政策办，在党的一元化领导下，团结两个95%，要有信心，要敢于领导，善于领导。

大字报主要是揭“四人帮”，抓大是大非问题，至于生活上那些丑恶的东西当然也要揭，方法上注意些，不要上街，有〈付〉副作用，利弊关系向大家讲清楚，要做思想工作。总之，有利于运动健康发展。

政策要搞稳，没有把握的问题，要请示报告，大字报点名不要点的太多，有些人问题可在适当会上提出来，一看二帮。不要一部分群众贴另一部分大字报，要反复交待政策，同时要注意方法。当前要反复强调，认真学习，深刻领会。

抓革命、促生产，工交系统很重要，工交〈代〉带头把运动搞好。

平加同志：昨天核心组商量和大家见见面，讲明中央各部委来的任务，是在上海市委领导下，参加各组办帮助工作。到工交组同志来的已介绍了。我们研究了分工的意见。分工意见：

1. 彭德清同志等负责铁路交通系统。
2. 李景昭同志牵头基建系统(金山口)。
3. 阎济民、曹维廉负责帮助一机局、二机局、仪表局、后方基地。
4. 谢洪生同志负责轻工、纺织、手工业。
5. 李锡铭同志负责华东电网、电管局。
6. 罗淑珍同志负责邮电系统。
7. 李峰同志负责化工局。

8. 贾洪同志负责冶金局。

9. 周力同志负责物资局。

今天给大家见个面介绍一下，便于工作。负责同志到各局参加核心组领导，帮助做些工作。这是见个面讲讲今后工作关系。会后，分头研究一下。

主要意见还[是]学习 16 号文件、两报一刊社论、苏振华同志讲话，按此进行工作。我们来的同志还是调查研究，听听意见。

“四人帮”在上海把党的作风搞坏了。把“四人帮”的批示摆在中央之上，把党的作风破坏了，他们的批示可改变党章规定。要认真学习中央指示。昨天在核心组学习 16 号中央文件，按 16 号文件精神办事，和群众一起商量执行 16 号文件。如昨天十六个大专院校要求：① 中央领导同志接见；② 马、徐、王靠边站；③ 要组织学联。我们回〈达〉答是：运动要在党的一元化领导下进行，马、徐、王是市委会讨论的。不见不光是什么态度？学联是架在党委之上，不〈付〉符合一元化领导的精神。回〈答〉答问题严格按照 16 号文件。步调一致才能得胜利。“四人帮”和中央文〈章〉件唱对台戏。一切行动听从以华主席为首党中央指挥。认真学，严格按党中央规定办事，不要另搞一套。要把党的作风搞好，“四人帮”在上海大搞“共产主义”，破坏了党的领导核心。“四人帮”通过工会系统、妇联系统，大量印发黑材料。江西过去很多工厂不开工，主要是涂烈搞的，批判后，所有工厂开工。党是工人阶级最高领导核心，而他用工会站党之上，违反党的组织原则。凌驾于党委之上。咱们大家讲清楚，我们在党委上研究的，上大字报、大街，不好。不要把工会、民兵、妇联、青年团、工总司高于党，把工总司高于党的组织。那些人超过了党员。小兄弟、小姐妹[凌]驾于党之上，这敢明显篡改。把一个有纪律的、毛主席缔造的马列主义政党，被他们糟蹋[成]这样了。在这些根本问题上是要党，还是要帮会？要肃清这些思想。有违反的就要进行斗争。当然在“四人帮”统治下，上海人民处境很困难。过去反“四人帮”就是反革命，可是很多地方反李先念、纪登奎不是反革命。当然，有不少共产党员一直和他们斗争，绝大多数同志在基本原则上按毛主席指示办事。有很多同志敢怒不敢言。现在揭发这些问题，腐蚀党，搞小兄弟凌驾于党之上，向党夺权的就要斗争。1957 年反右派就是反对右派斗争。至于有些人受“四人帮”影响说了错话，做了错事，群众揭发、批判，我们支持。党委成员里，有这样、那样问题是个人问题，至于党组织还是领导核心，应当在党委领导下进行工作。

当前上海，群众起来了，声讨“四人帮”罪行，张、姚、王过去都是市委书记，现在撤销了。有些单位党委站在运动前边，领导运动，带头揭发批判，群众相信，也有些单位领导同志揭批“四人帮”旗帜不鲜明。老是我有罪，我要揭发，只打雷不下雨，群众不能等。这样处于被动状态，群众不信任。我们就是要帮助这些单位做工作。你们如果工作得好，我们就不去了。我们一共来 86 人，其中工交、财贸只 40 多人。计划统计组、科技组我们不去。以徐良图同志为主帮助工交组工作。可从厂里调些人。

黄涛、戴立德，在本系统监护。陈阿大、马振龙，群众监护。

要成立专案组。有的像黄金海，明管暗保。有些单位群众不信任，从下边单位选些人，群众监护。我们只能到一部分局，如轻工局等。有的局党委瘫痪，说话不灵，我们帮助一下，党委领导困难的，群众信任的，我们就不去了。我们力量有限，敢于领导，善于领导。过去小兄弟后边有“四人帮”，市委有人。我们相信，绝大部分党委敢于领导，善于领导，运动是可以搞好的。你们排排队，各级党组织都要健全起来，有问题大家研究一下。

我们帮助第一步就是解决这个问题，使各级党组织健全起来，执行 16 号文件。组、厂、局党委有问题我们帮助，不能让党委瘫痪。

如果领导本身有问题，16 号文件[第]4 条讲的清楚。

跟“四人帮”跟得紧，民愤大的只一二十人。工交系统两霸黄涛、陈阿大，财贸黄金龙，民兵施尚英，妇联汪湘君，组织组王日初……犯了错误的绝大多数是受“四人帮”影响。所以一定要划清界限，一是陷进去了，一是受影响。就是陷进去的像你们轰的三个人，也给他们创造条件，也希望交待自己问题，揭发“四人帮”，陷进去了，把他们拉上来。准备开区县局的会议，把他们的揭发交待在党内揭露，区县局同志也揭发他们的问题。上边问题搞清楚，下边问题也搞清楚。区县局问题绝大多数是执行上边的。群众起来了，就到处看大字报，和到处串连分不开。几位领导同志考虑召开区县局的会议。

对陈阿大、黄涛等人采取保护性措施，也给他们创造条件揭发、交待。“四人帮”在上海做很多坏事，更深入的罪行，要靠他们来揭。如计划座谈会讲“风源”，是对准华主席的。这个问题黄涛要不是首恶，要不“四人帮”首恶。显然是“四人帮”首恶，极端孤立，不得人心。所以对受影响、说错话、做错事的人，作细致深入思想工作。在上海工作,“四人帮”要你办的事不办,要你说的[话]不说? 我们执行刘少奇的不少东西,犯了错误,我们理解上海同志犯的错误。群众揭发我们一定要支持,不能泼冷水,揭批“四人帮”牵扯到一些领导人问题,要在党的会议研究,绝大部分同志是执行问题,不能泼冷水,不能穿小鞋。自己[的]问题自己大胆揭发,自己认真揭发,承担了责任,群众会谅解的。各单位领导要互相交〈信〉心,端正态度。主要领导同志,特别[是]老同志,更要正确对待。不得打击那样宽。不能说这是小兄弟线上的人,小姐妹线上的人。性质绝大多数是执行问题,要具体分析。分清性质,就按两类不同性质矛盾办。人民内部团结、斗争、团结。一看二帮,耐心等待,搞清楚,搞不清楚不行,有问题搞不清楚,群众不谅解。搞清过程中,绝大多数是执行问题,受影响问题。可以揭发清楚,交待清楚。如反革命暴乱基本搞清,6 月 27 日就发了枪。完全可以搞清,就看他们的态度。党的政策是首恶必办,协从不问,立功受奖。

如,搞多少大使;三中全会;联络点,工会、妇联、青年团、民兵、各学校。

明目张胆的另立中央,就像大权在手的搞分裂。这些问题在区县局的会就可以搞清楚。

不要怕,大胆揭发,大胆交待,不要扩大,也不要缩小。对下面的同志要承担责任,要他们揭发。把矛头集中[在]“四人帮”、上海少数领导人。不要像“四人帮”搞形而上学,无限上纲,扣大帽子,一棍子打死。交底就是交 16 号文件,统一党内思想。党委领导运动,自己问题正确对待。敢于领导,善于领导。

抓革命、促生产安排问题,16 号文件第 6 条写了。党委一元化领导运动,生产一起抓。党委内部要有分工,运动要有人重点抓,生产要有重点抓,日常调度要重点抓。如果有人抓有[抓]困难,可由下面抽人帮助抓,运动、生产都要有人抓,快点安排好。群众积极性很高,要把运动[安排]、生产安排好。

重要的是认真学,一条一条的学习,一条一条揭发。上钢五厂王丙英揭发黄涛,很细致。领导同志去开会,把运动、工作安排好。不能搞跨行业串连。党委要负责领导权,不能让出去,让出去是错误的。

工交系统领导由工交组核心小组负责,我们同志参加,重要问题一起讨论。

不向下传达。

南京路外滩,和平饭店北楼墙上大字标语:打倒张梅华,张梅华不打倒,机床厂革命生产上不去(张是机床厂党委书〈机〉记,机电一局党委〈付〉副书记,十条经验是张吹出来的)。

港口问题:

1. 任务不足——船少。

2. 港口存货多——长航运力不足,62 万吨中,长航 26 万吨(煤类 24 万吨)。

3. 压船多——压 17 条(10 月末),其中进口大件船 7 条,危险品船 10 条。

上海分局煤炭排空车:10 月计划 450 辆/日(9 月计划 350),10 月实际 452 辆/日。

上海路局煤炭排空车:10 月计划 700 辆/日(9 月计划 500),10 月 1—25 日实际 712 辆/日(9 月实际 550)。

1976 年 11 月 4 日

金传德、高崇志谈一件事。

下午 2:00,上海市委召开区县局党员干部会。

倪志福:今天开会,区县局领导班子会,今天开中会,下面我宣读一下,在市委领导下成立领导小组。经过市委和有关口商量,提出领导小组名单:

组长:彭冲。

〈付〉副组长:周纯麟。

成员:周开琴、武占魁、刘耀宗、王一平、杨西光、李宝奇、林乎加、严佑民、毛联珏、车文仪、彭德清、任泉生、郭世荣、赵振东、曹大澄、贺汝仪、刘芳、关建、柴雄昌、孙加诺、陈佩珍、高崇志、金传德、陈新发、王鉴、李修庚。

请彭冲同志讲话。

彭冲:同志们,这次会是市委召开的区县局党员会议,400 多人,这次会目的是进一步学习、领会中央文件精神,揭发"四人帮"篡党阴谋,同时帮助市委某些人揭发交待问题,认识错误。

当前上海市形势大好,越来越好。广大干部、群众坚决拥护华国锋同志为首的党中央,揭发上海市委某些人,揭深揭透,批深批透。群众的要求是理所当然的。

一致认为，这次会是广大干部、群众迫切要求，也是深入一步。上海广大干部和群众是好的和比较好的，他们忠于毛主席的革命路线，忠于华主席的领导。“四人帮”在上海和全国一样，人心丧尽，非常孤立的，“四人帮”搞了很多阴谋活动。他们把上海作为阵地，行将灭亡时还垂死挣扎，搞武装暴乱，造成恶果，决不能低估。要肃清流毒，还要作一番斗争。剥下“四人帮”画皮，上海有责任能够提供罪行和材料。

揭发“四人帮”是两条道路、两条路线的斗争，这次会对我们每个同志都是严峻的考验，也是市委某些负责人的机会，立功赎罪，将功补过，和“四人帮”彻底〈绝〉决〈烈〉裂，站到以华主席为首的党中央一边。当然，要做到这一点也不是容易的，要相信群众，老老实实，不要侥幸过关，问题不管多么严重，只要态度端正，一次讲不完讲几次也可以，把问题讲清楚。允许犯错误，允许改正错误，有了错误，改了就好。在斗争中提高觉悟，经受锻〈练〉炼。这些话中央 16 号文件及振华同志已讲清楚了，我再重申。

为了把这次会议开好，安排学习 16 号文件、吴德同志讲话、两报一刊、苏振华同志讲话，一切按党中央〈按〉安排去办。明天下午由马天水、徐景〈水〉贤、王秀珍三同志揭发交待，30 多会场，7.5 万余人，我们大家认真帮，不断促，大中小会，会内会外，矛头始终对准“四人帮”。中小会要开好，是开好大会基础。独立支部的以上的领导干部拉线。

这次会议在市委领导下，成立领导小组，集中精力，把会开好。

注意，现在有两点值得注意的：1. 政治谣言，反动标语；2. 传小道消息。要坚决追查，打击制造者，对反革命、制造者，要镇压。不许搞宣传车，不要上街，不要传播小道消息，散布政治谣言，对当前运动有干扰，要按党的系统办。各单位要做思想工作，今后发现要给以纪律制裁。

希到会同志加强纪律，每天下午、晚上开会，白天上午在机关办公。要求各单位很好分工，工作要很好安排，工业生产、市场供应工作搞好。

同志们，以华主席为首党中央对上海市的运动十分关怀。我们一定要把这次会开好。

倪志福：传小道消息，歪曲[捏]造。现在形势大好，但也要看到有些人搞破坏，各级领导要做好这项工作。有情况及时向市委汇报。

下面念分组名单。

第二组讨论:

余琴娣(邮电局党委〈付〉副书记):几天来,马、徐、王只表态,无行动。我们要揭发、批判、声讨。

张华宁(手工业局党委书记):揭发"四人帮",大快人心,是我党伟大胜利。他们是国民党法西斯特务作用,把"四人帮"罪行,揭深揭透。大会套小会。我自己也受影响、流毒,在运动中毫无顾虑,揭批。

曹维屏(物资局党委〈付〉副书记):彭冲同志讲话,表达了全市人民斗争的决心。有纲领(经验主义),否定阶级斗争。经验主义是主要危险,其目的是要妄图打倒执行毛主席革命路线的新老干部,从理论上修正了马列主义。他们不会做工,不会种田,不会打仗,不懂马列。马天水、黄涛就是"四人帮"的帮凶。那个地方不稳定,都有他们的爪牙,有计划有部署。

今年2月份王秀珍召集陈阿大、叶昌明、黄金海……人谈有感。黄涛讲右倾翻案风"风源"在国务院务虚会,大本营是国家计委。

陈大同:黄涛明知务虚会邓小平未参加,实际对准矛头是先念〈付〉副总理。

曹维屏:永远按既定方针办,是篡党夺权的动员令。杀气腾腾,就是要动手了,以华主席为首党中央,再不动手不行了。抢主席的材料,是进攻的行动。"四人帮"是有计划、有〈予〉预谋的很大的武装叛乱。上海是"四人帮"篡党夺权的阵地。看了文件逐步提高。

张华宁:反击"四人帮"。张春桥拿着经验主义的虎皮,实际是极右的修正主义。

鲍复(纺织局党委书记):马、徐、王每次会都是唱高调。上海是黑基地,跟的很紧,陷的很深,流毒很广。搞反革命武装叛乱是由来已久,在重要关键时刻都有行动。今年1月8日晚(总理逝世),他们发材料,中央领导同志的材料,大喊大叫。马天水说:你们造反精神〈那〉哪里去了。总理逝世,他们打乒乓球。公开点名省市。

1月8日就开始,马、徐、王紧跟"四人帮",总理逝世,他们……陈阿大三次打来电话:总理逝世,1. 不要戴黑纱;2. 不设灵堂;3. 不开追悼会。反总理,篡党野心。主席病危,他们发枪,对准谁?

主席逝世时,我们有同志召开三位一体经验交流会。

组织民兵三个条件：① 听话；② 身体好的；③ 下命令能打的人。

我局一同志女儿在江西上饶，给王洪文写信，告江渭清同志，信拿到上海。

这样把我党、我们国家搞个什么样子。

陈杏全（冶金局党委〈付〉副书记）：有信心把“四人帮”斗争到底。会议形式也好，大中小[会]相结合。“四人帮”篡党夺权蓄谋已久，他们告诉我们紧跟清华，不要超过清华。

张华宁：马天水说，我们给唐山抗震救灾物资。马说，南京机场不给运，你们知道为什么？

李英才（邮电局党委〈付〉副书记）：王秀珍说，中央多部都有问题，组织部也有问题。王秀珍说，民主革命派就是走资派。还说有些人见面就讲民主革命时期情况，不以为耻，反而为荣。

唐文兰（纺织局党委〈付〉副书记）：去纺织局也有这样事，王日初来提出做大事，要 30 多人，封官〈宿〉许愿。

1974 年底王秀珍等人在十七厂保卫组开秘密会议。王说，我们是到王〈付〉副主席工作过地方纪念纪念。两次都是王秀珍带去的，一批四个中央委员，一批四个常委。

1970 年王秀珍布置上棉十七厂党委，原王洪文房间办公桌啥样都不动，要拍照片，房子也拍照片。树碑立传。

1970 年上半年王秀珍布置上棉十七厂党委，为王洪文树碑立传，歌功颂德。

王秀珍为王洪文篡党夺权作组织准备。

下午，市委召开的区县局党员会议。

同志们，今天 35 个分会场，7.5 万人参加，今天会由马天水、徐景贤、王秀珍揭发交待。

马天水：同志们，我有错误，我有罪，“四人帮”犯了反革命的滔天罪行。过去我把他们当作中央，有事和“四人帮”请示，我痛恨“四人帮”，也痛恨自己弯子转的慢。

实际上是以“四人帮”来划线，以“四人帮”是左派代表，从“四人帮”来的人我们都是热情〈召〉招待，我们目的是要打听点消息，摸点气候。其他部门，我就冷若冰霜,有时看一下,目的也是做他们工作。亲不亲以“四人帮”的线来划。所以我陷的很深,跟的很紧。这种做法实际是反对华主席革命路线,如“四人帮”打不倒,我们还会陷得更深,这是我感到庆幸的。下面我揭发交待。

一、整中央领导同志和有关地方、部的领导同志材料问题。

我是积极参加阴谋活动的。在开展批邓反右风时我给张春桥打过电话。我说材料不多。张说,材料不少么!只要不以市委名义,以下边印发就可以。有国务院〈付〉副总理,有很多会议上的文件。当时下边有反映有抵制,我们就压制。不以市委名义印发,本身就是一个大阴谋,这就是打击了中央、国务院领导同志,[凌]驾于各省、部、国务院、党中央之上,实际上自己反对党中央、反对毛主席。想起这事,我痛恨“四人帮”,痛恨自己成了帮凶。

张春桥不要把上海搞乱,但要把兄弟省打乱,国务院打乱,多部打乱。我还收集中央有关部领导同志讲话材料,送给“四人帮”作炮弹,实际是“四人帮”的联络员。

我们还插手外地运动,河南一同志来反映中央领导同志问题,我没加分析的要黄金海接谈。直到今年7月“四人帮”头目王洪文要外部部门给外贸部送大字报,王洪文目的是打乱外贸部。反党活动。

“四人帮”口喊以阶级斗争为纲,他们的眼睛就老是盯着中央、国务院、各省的老同志,甚至反对周总理,很是气愤。

张春桥要搞臭一批老同志,很早就搞。1968、1969年,我刚解放不久,张春桥谈话中,总理要见上海文化界的人,张说,我阻止了接见。1967年叫我[写]揭发几个人的材料。当时总理帮助我,苦口婆心,张春桥臭老婆叫我写,我没有写。

总理逝世后,群众要求送花园、鸣汽笛。我给王洪文打电话,王说严格按治丧委员会规定办,我是错误的,不应照他们的办的,鸣汽笛我还追查。

差不多的人都攻击过。

对中央政治局管经济的同志〈泼〉破口大骂,要像我们这些老同志心中有数。十条王法是国务院×××、×××二个领导同志搞的;攻击政治局领导同志思想还[在]斯大林时代的;张春桥还攻[击]中央领导同志竟抓具体。八届二中全会说陈毅在上海流毒很大,要狠批陈毅。对其他领导同志攻击,没攻击的很少。

"四人帮"说:中央无产阶级司令部到姚文〈远〉元为止。我就认为"四人帮"是左派。我[把]自己也看作是右的势力。我错误的把华国锋同志[看][作]是中间的,这是反〈对〉动的,这是犯错误的根源。所以谁反对"四人帮",就是反革命,就追查。

不仅对地方搞得厉害,对军队也搞得厉害,查谣言,特别对警备区。

我们几个人,对从"四人帮"身边来的人,经常议论中央、国务院、军队。"四人帮"攻击中央领导同志,极为反动。

文化大革命初期,对张春桥也感到张的话不对,感到自己刚解放,后来慢慢接受,把错误路线当正确路线,篡改修正毛主席革命路线,是极右。

1974 年以来,毛主席对"四人帮"作了一系列批评,一点也没向我们透露过,充分说明他们两面派、伪君子。

今年 10 月,张春桥派人来说,党内资产阶级势力很强,群众有当领袖的。……这是篡党夺权的信号弹。

这次从北京回来,肖木说,中央可能出修正主义。

今年夏天,警备处要调换手枪和弹药,当时我想请南京解决。我写个条子请示王洪文,王写:"这样会惊动人家的"。

十大时,我参加了,十大提〈后〉候补中委,主要是王洪文提名,我也是提名,徐、王也去,这是阴谋,一夜在北京提出名单。

还有要我们提 30 名部长,邮电部、教育、组织、公安、轻工、工会、青年团……王洪文讲至少三次,说中央一定要改组的,一定要准备人,四届人大前就准备。

去年说中央各部委不行,说你(指马天水)离不开上海,你到国家计委最合适了。现在把 30 人都送了。这些事我都参加了,这是篡党夺权的。

武装叛乱性质极其严重,是"四人帮"搞反革命修正主义路线的大暴露。广大上海民兵是好的,"四人帮"在中央抓军队,[抓]民兵抓不到,就在地方抓。王洪文、张春桥对上海军队又拉,去年王洪文要我们大整警备区领导,整周司令,心脏病复发。李宝奇新去警备区,王洪文问我李怎样,我说还看不清。我是以"四人帮"划线。又叫给南京军区送大字报。所以"四人帮"要民兵脱离军队。

去年王洪文来上海,在少数人会上,大讲:"现在军委要把民兵放在武装部管理，我是不同意的。二十年后，我还……。”这次武装叛乱根子就是“四人帮”，一旦真相大白，民兵就不跟他们。

“四人帮”有个人线：

① 张春桥：有张办，所有会、电话记录都要，有重要情况向他汇报。

② 张春桥、姚文元直接控制写作组。

③ 王洪文控制工会，权力大，市委一元化领导不容易。批林批孔不是市委先开会，而是工会先开。王洪文与黄涛有直线电话，有时他告我们。上海组织组主要[是]王洪文控制的，张春桥也插手，详细由王秀珍讲。1968 年张春桥讲，文化大革命是改朝换代。他批评南京军区 1964、1965 年。讲几次改朝换代。张对我讲，有那么一些人，他本身问题不大，工作做不好，也不好处理，文化大革命是一个很好机会，这完全是篡改了毛主席的革命路线。这是他 1976 年 2 月有感新桃换旧符是一样的。

张春桥说：我们自己培养的干部怎么怎么样。这样，他的组织路线，也篡改了毛主席革命路线。

“四人帮”对新干部、对老干部完全不是按主席思想办的。有的处分很重。毛主席处理陈丕显问题，毛主席批示可作人民内部问题，张说：陈丕显要解放，什么人都能解放。

我参与了张春桥的臭老婆、叛徒，也可能是特务，李文静，1967 年给我看了，又告江青。张春桥规定，他老婆不工作，享受领导同志待遇。我有错误，[丧]失立场。

1968 年开十二中全会，和王洪文一起去的，给 200 元，后来说这个钱没收到，要补助越来越多，没钱就要，我们抵制就要，从 70 元到 100 元，到 150 元。去年王洪文在上海，我们劝他回北京，王洪文说：你们硬要把我往火坑送。我有什么权，权都在王洪文那里。总理病重……实际反对毛主席、周总理。

张春桥反对抓革命促生产，报纸上口号：江南上去了，我们怎么办？张春桥开大会说这个口号错误，在小会批评我。我们稍微一抓生产，“四人帮”就说唯生产〈利〉力论，一抓企业管理就是管卡压。所以，这几年上海生产实际落后于全国。

去年贯彻农业学大寨，我有错误，有罪行，另搞一套，抵制了，有严重错误。

这次会议没有很好传达，是陷得很深。第一天，像打的闷棍，我认为江青、王洪文都应当，对张春桥、姚文〈远〉元感到处理时要区别两类不同矛盾。10日，我由于中央和周纯麟的帮助，我有点认识，我拥护中央决定。回来后，〈抵〉低估群众觉悟。

我痛恨“四人帮”，痛恨自己弯子转得慢，使各级领导被动。我要彻底转变立场。

×：廖祖康一个未婚妻，为什么你市委主要负责人，安排在招待处？

×：骂彭冲，彭冲彭冲你冲到〈那〉哪里（马：我说过）？

×：老干部为什么不解放？为什么不用？职位高高的，权〈利〉力小小的。

××：上海师大就作为打党政军负责干部的。江西省革委会周力，你介绍到我们那里，你说要照我们上海这样学习，你要把各省搞乱。

2 月 8—13 日市委干部会上，材料〈那〉哪里来的？

3 月 29 日市委办在密印 11.5 万份。

说警备区一代不如一代。

要民兵控制公安局。

印黑材料时，马天水讲，干革命还要批准？

5 月 20 日王秀珍到干校来，说彭冲态度恶劣。

整南京军区黑材料。

选 16 人中当部长，其中有 11 个人[中]有历史问题。

徐景贤：我先揭马天水，万山红遍画的问题。

几天来，上海人民对我们的罪行，我们还被找到北京，中央领导同志谆谆教导。我揭发“四人帮”罪行，揭王洪文、张春桥、姚文元罪行：

① 1975 年 9—10 月间，王洪文在锦江小礼堂喝酒[说]，我有什么权，我只能抓抓读书班。说把我往火坑里跳。马天水说：酒喝多了。我没有向毛主席报告，而是向张春桥、姚文元汇报了，顽固站在“四人帮”立场。

② 王洪文大骂王海容，说王海容最坏。说乔冠华也不是好东西。先念同志说，为什么对外交部两个青年干部这样恨？要杀王、唐。

③ 9 月 25 日张春桥说：主席逝世，今后主要是依靠集体了。我参加了康生、总理、主席的医疗小组，张说今后我不参加任何人的医疗小组了。

④ 我说机关有议论,谁担任什么职务。张说：南京路上大字报再不要出了。

⑤ 江青直接攻击毛主席：说人家说我们是上海帮嘛!

⑥ 张春桥说：上海没有真正考验,林彪、邓小平等人物要搞上海,上海要打仗。

⑦ 张春桥说：有这么好的群众,一定会有更好的领袖。

⑧ 张春桥说：托[洛]斯基。

⑨ 江青问题。

1976年2月20日晚,到京西宾馆来坐到马天水屋里。江青说：你们知道吧！把我也算上海帮了,去年斗我几个月,我要出笼了,现在我要控诉他。一言堂,法西斯。

2月20日晚,辽宁组、上海组、江西组同志到钓鱼台,[江][青]说：我是孙猴子,紧箍咒,他一念咒,我就头痛,我要金猴奋起千钧棒。

1972年批林整风会议,江青到华东组说：鬼都不上我的门了。请我们看电影《罗马之战》、《姊妹》,妹妹把姐姐杀死,当皇帝。她自己想当主席。

揭发姚文元反毛主席。

1975年4、5月来上海,7月找我说：我这个人叫我挤挤汽车,上上五七干校还是可以的。

7月底已知毛主席对“创业”的批示,不对我传达。有一次对我说：上海怎样对“创业”传达的。姚说：我坚持我的一条意见,送毛主席著作是错误的。我对于会泳说我同意姚的意见,伙同反对毛主席,我有罪。

我和姚文〈远〉元关系非常深,认识20多年。我说,姚文元材[料]太少。

姚文〈远〉元把主要危险是修正主义改成是教条主义。

1975年姚文元〈交〉教我一个办法,今后说话先写成稿子,送别人划圈。

我紧跟“四人帮”篡党夺权由来已久,经常攻击党、军队。王洪文经常来上海,攻击中央领导同志、国务院、兄弟省市领导同志,当我们(马、徐、王、黄涛,有时不避冯国柱)面攻击。

我公开攻击大军区领导人。

1975年7—11月中,王洪文受毛主席批判来到上海,经常议论邓小平和其他领导同志。

于会泳说：邓小平问题是毛远新从新疆回来揭发的。

我的第一件坏事，印发材料。张春桥送的大字报选送到学校去，把皮撕掉。我跟“四人帮”鬼迷心窍，跟着他们一起干。我内心要揪出资产阶级司令部。

第二件坏事是收集材料，把江苏人民来信揭发张春桥，我写这是对张攻击，送张。

第三件坏事，交换材料。从谢静〈一〉宜处交换。

第四件坏事，整理〈付〉副总理、〈付〉副委员长、政治局的黑材料，白头。都送到“四人帮”。

第五件坏事，整人。区县局会议上，有怀疑批邓就整。我整过王一平同志，我整过农〈叶〉业局同志，想通过谢静〈一〉宜整××（揭发：你说谭震林同志……，听谁说的。交待：听谢静〈一〉宜）。

打招呼会议，有很多人到我们上海组来，开黑会。9 月 22 日，马天水攻击叶，22 日晚姚文元攻击华国锋，攻击李先念，毛远新攻击王震同志。9 月 23 日……有的部长也来……9 月 25 日晚上江青送材料，……我在江青面前攻击彭冲同志的话（叫江青同志）。我们在“四人帮”面前大搞反革命串连。我以复旦、师范作枪口。

2 月 22 日毛远新对倪志福同志说，倪志福胆子小，北京胆子小，辽宁、上海胆子大。

我让记者收集江苏情况。外地来人我们接见，福建、江苏送材料。

破坏毛主席战略〈布〉部署。

继续交换各种材料。

谢静〈一〉宜送马、徐、王“邓小平言论编辑”，我们比文化大革命前北京市委有过之而无不及。

对“四人帮”不利的，扣向毛主席报告。各地不安定主要是走资派挑动。张说：各地阿 Q 和小弟打仗，是因为后头有赵太爷。

总理逝世，群众悲痛。我打听“四人帮”登否群众哀悼，又问肖木登不登。肖说不登，就通过我把群众悼念总理的文章给拉下来了。我对周总理犯罪。

我对华国锋同志以“四人帮”为转移，马天水说建议中央另选一位〈付〉副总理当总理（马：我想要李先念当总理）。我把“四人帮”看[成]左派，把其他同志当右派。我两次把报纸安排对毛主席批示大量删掉(解放日报王景：报稿要送审,反对华国锋同志,反对叶剑英同志)。

冯国柱说：大寨文件,我们常委看了、议了,马老说主席圈阅的不一定同意,让他们表演吧！

王少〈镛〉庸说：豺狼当道,安问狐〈里〉狸。

冯国柱说：一号文件出个冷门。

晚上继续交待罪行。

2月底在北京打招呼会议期间,迟群、谢静〈一〉宜说,华国锋人还可以,人还忠厚。

肖木告诉我：华水平低,毛主席说我就选一个水平低的。张春桥说：不一定要水平高的人当主要领导的。

我说毛主席很会处理关系,我胡说邓小平是……华国锋是摆〈乎〉设。

1972年9月份,张春桥、姚来上海。张说：工宣队要脱工装当干部。复旦罗三朋说不应脱工装。张说：第三次炮打来了,我找何整人,朱永嘉也整人。顺我者昌,逆我者亡。

我怎么配合"四人帮"搞武装暴乱。10月7日晚中央打电话给马天水去北京开会,我感到突然。9月2日问王说近期无会,9月28日问张也说最近无会。中央又通知周。王秀珍打几次电话,给三位领导也打不通。缪文〈进〉金找到〈方〉房〈左〉佐〈亭〉庭,……我认为出大事,半夜我给刘〈香〉湘屏打电话,说无事。张春桥老婆文静……分头打电话。姚秘书、老婆电话打不通,给朱士奇电话也打不通,我给人民日报鲁英打电话,反常。迟群打电话也打不通。当时马天水已开会回来,不回电话,马天水秘书说胃病发作了。我给房打电话,我要给马老通电话,说马老不能听电话。房说：我的老胃病又犯了。我们看到南京军队发文防止内迁外逃。南京会议不开了。我凭我的反革命的政治敏感性,认为把"四人帮"扣起来了,马天水也扣起来了。后来又作暗号,心肌梗塞。我把三封信烧了。王秀珍把部队打招呼了。我把新闻单位找来了。我告电台加强警卫。我说：苏修侵略捷克时……电台……我放毒。走时,我说还是按既定方针办。文化部刘庆棠给江青打电话,说他保姆接的,说首长身体很好。……祝家耀说：人员都集中了,锁起来了,不能动了。刘庆棠说：马老。刘说,我们也有病情。形势严重。朱永嘉说：××二个结合,矛头指向华总理。廖说，8 341 厉害。朱永嘉说打游击，说快走吧！否则一网打尽。

王少庸问有没有一个团力量，形成拳头。

两个点：① 华山路招待所徐景贤、朱永嘉、张家龙……搞反革命舆论。② 民兵指挥部，王秀[珍]、康宁一，最后听徐景贤、王秀珍再行动。2.5 万人集中，3.5 万人待命。

黄涛、陈阿大、马振龙、王〈成〉承龙、叶昌明、戴立清。

9 日零点，中央两个决定，我认为不可能。

朱永嘉来电话，不同意明天报纸发两个决议。我告写作组两个决定要发的。我给马天水打电话，秘书请示说：热烈表态。王秀珍给马天水打电话，马说热烈拥护，三位领导身体很好，工作很忙，个别没有谈话。

王秀珍给 431 打电话：撤销 5 位数，保持 4 位数，恢复正常。实际 431 受黄涛、廖祖康另一线指挥。

9 日晚马天水通知徐景贤、王秀珍去北京。10 日发表社论，亿万人民共同心愿。10 日中午文化部刘庆棠、于会泳来电话，……我们去北京时，廖对黄说，不要送，怕给绑去。

我们和张〈金〉敬标说发暗号。

10 日给上海打了电话，内容：① 我们已经平安到达。② 一切等我们回来再定。11 日又打电话。12 日又打电话。13 日吹风。

发生武装暴乱我有严重罪行。

上海叫文攻武卫指挥部，其他地称民兵指挥部。

去年王洪文去锦江小礼堂讲：要组织民兵，只要我不死，20 年也要拉出去。

9 月 28 日，肖木说有人要打上海，上海就是要考验。

长期以来我认为“四人帮”就是党中央，党中央就是“四人帮”。

我们犯下了滔天罪行。华主席要我们转变立场，回来以后我立场未转变。

我还要改悔，我还要认罪，要求同志们清算我的罪行。

昨天晚上，马天水跑到我的办公室里说，民兵问题我只能抽象负责任。

马天水在 6 月份就准备 6 万多支枪，批了不要入库。马天水在北京时就安排了后事，要到新疆去工作。

马天水：我们生产 7 万支枪是军委批的，王洪文给我打回电话，说军委要批下来就发下去。造的枪军委是报了的。

××：1968 年把张春桥的档案从组织组调走了。

广播电台：徐景贤炮打周总理的。10 月 20 日晚上在延安路 200 号找交大二位同志，我的罪很大。

××：徐景贤炮打陈毅同志，说政客，老右派。

冯国柱：哭什么，哭你们自己。

××：9 月 7 日徐要赶印……

××："九大"批判陈毅，少投陈毅的票。

李家骝：市革委大礼堂，1. 会议开法：① 徐、马检查基本听得清楚，声音小一点。② 大家揭发批判，能听懂一半，最好一个人一个人讲，用一个话筒。

2. 对二个人揭发交待：马天水内容讲的少，应当讲的再多，马对认识不够，武装[叛][乱]是反革命武装暴乱都不敢讲。

3. 马天水讲思想深处不够，如发枪是军委批准的是可能的，但作[为]自己怎么思想，没有讲出来。

徐景贤：1. 第一部分不满意，揭发几个人作文章，加以分析也不一定对，不满意，周围一些人也不满意。

2. 第二部分交待自己问题有些内容，交待了一些问题。直接感到太严重，"上海国"确实是独立王国。完全是有意识的，大量的讲，骇人听闻，和老婆讲，枪毙也是轻的。当然党有政策，治病救人。

3. 感到不舒服的，×月×号上午、下午……说明看了笔记。这也不是主要的。不是很真实的，哭，不舒服，不符合常情，做作不够真实。好像有意让人家说：我徐景贤交待是具体的。

4. 徐景贤的交待好像事先有安排的，如一上来就先揭发马天水，往外推。当然揭发是好的，给人印象向外推。

今后意见：照顾到 7.5 万人的面，要清楚，一个人一个人，对话筒。

××：1. 马天水这长时间交待的准备不够。2. 徐景贤交待，好像演戏，交待时某某人在场……动机上好像表白自己。点名的很多。

① 邵国良(基建组)。

② 陈正大(军工组)。

③ 俞树泰(生产组)。

④ 张福弟(外经组)。

⑤ 邵志和(组干组)。

张〈树〉福弟：二人交待态度不老实。① 马天水装糊涂，如枪支问题 6 月 26 日就批了，揭一点承认一点。② 徐景贤要滑头，上推下卸，上推马，下推黄，能推则推，能卸则卸，态度极不老实。总之，二人交待不满意，〈端〉态度不端正。

会的开法可以。① 但音量不好，有些听不清楚。马天水揭发、交待听不清，是否离话筒近。会场揭发有点乱，在后面喊的更听不清。② 揭发时有点秩序，一个问题一个问题揭发，特别要害问题一追到底，否则有的问题很重要，被插断了。

邵国良：如果后边还有系统揭发时，这样轰一下也可以。

希望他们交锋。

俞树泰：

1. 这个会开得好，能把运动向深一步发展，会内会外了解最多情况，大家感到很高兴。

2. 对二人态度很气愤，说明立场未转变。如①马天水交待内容空，好像自己没有思想，他们说你就干。你是老干部，一点没有想法？“四人帮”就讲那一点，你就死心塌地效劳。交待的那些都是大家揭发的。② 半月时间准备不够，思想〈促〉触动不深。要求先端出来，要向群众交心，过去是和“四人帮”交心。③ 徐景贤滑头，武装暴乱过程讲的滔滔不绝，时间讲的很长，但要害讲的不多。徐掌握舆论的，造很多舆论欺骗群[众]。④ 做法：用一个麦克风；揭发的人有的急于亮相，有的私心杂念，不考虑会场要求，所以有的如解放日报占时间长，内容不多。

陈正大：

1. 会议开的好，长了无产阶级志气，看到了“四人帮”在上海搞阴谋活动很多，病号还参加了，感到时间不长，代表心愿。

2. 这两人交待，罪行累累，远远不止这些，马天水要混过去。马天水是一把手,就交待一个半小时,他们干的事是客观事实,问题是否愿意站到以华主席为首的党中央方面来,不如大字报讲的多。大家不满意。

怕、混、蒙。赖不掉,但避重就轻。要继续做马工作。

3. 徐景贤是小丑、演员(眼泪什么意思)、流氓。讲的时间,上午、下午,最后掉几粒眼泪,主席、总理逝世没有掉眼泪,最后说说马天水一下,最后溜掉。

攻击周总理罪行很多,特别理论方面,周总理逝世革委会设灵堂,鸣汽笛,徐景贤大发雷霆,问怎么搞的,还拉[汽][笛]。对报刊方面攻击总理很多,没很好交待。

做法:唐文兰讲话,一点未听清楚。有个电视更好,当然国外也看到了。如枪支弹药问题,工交组应讲讲。

邵国良:

1. 尽管揭发初步的,也说明"四人帮"罪恶滔天,罪恶累累,更加对"四人帮"〈奋〉愤恨。

2. 二人态度不老实。都说是执行的。马天水多次讲实际上……表明受蒙蔽。马天水是老干部,这些反党勾当,怎么是受蒙蔽?马天水交待的少。

徐景贤上推下〈泄〉卸,滑头,态度很不老实,不是低头认罪的态度。

做法:市革委礼堂还好一点,市革委机关后厅音量不好。

问题:非常[多]群众没有听,是否可以扩大范围。群众要求,没听到,希马上传达。

1976 年 11 月 5 日

上午,良图同志找高崇智、唐光煊、葛〈恒〉衡、陈任之、徐景元等人谈话。

良图:声讨"四人帮",群众干劲大。生产 10 月比 9 月好。华东电网电的问题,大家关心。工业生产中,钢争取完成计划,钢材多轧一些好材(包括 08 钢)。焦炭、合成氨、化肥。硫酸,原料硫精砂运输好一点。棉纱,有电就有纱。轻工产品,尽最大努力,一天 3.5 万吨。铁路运输好一点。

1. 今后还有 50 多天,还要抓明年一季生产。

一面深揭"四人帮",一面狠抓生产。我们自己说错话、做错事也不要紧。揭发,争取群众谅解。先揭发"四人帮",有错自己认错。不要把自己名字和"四人帮"捆到一起。工交组要很好学习中央 16 号文件。

2. 工交组日常请示报告。

工交组几位领导商量办就可以了。

3. 明年计划：工交组和计划组要很好配合起来。总的，揭发“四人帮”，把生产促上去。

唐光煊：1. 上海经济工作路线是错误的，这个组织形式为“四人帮”服务的，综合计划组没发挥作用，没有综合平衡。今后二个月是关键月。他们参加会议，让我留在家里负责。

2. 个别厂怎么解决？需要找些人谈谈。面上提出要求。

3. 周力同志三条意见：(1) 工交组；(2) 钢材多担负责任；(3) 明年上海分配钢材少拿一点，明年矽钢片开坯不够；④ 明年计划请综合计划局牵头。

高崇智：以实际行动砸乱“四人帮”。1974 年要武装 50 万民兵。

陈任之说：这是别人没有动起来。

1976 年 11 月 6 日

下午，王秀珍揭发交待。

过去我跟“四人帮”反党集团干了不少坏事，从九大开始，干了坏事和罪行。通过华国锋同志帮助，我要彻底交待。

王洪文的罪行。

去年 5 月毛主席批评了王洪文，他 7 月到上海，要回到上海来办公，不准备回北京。我们去看他，他说没有权，只有学习班的权，他把我往火坑里推。他说：邓小平能见到毛主席，我见不到。这些话没向毛主席报告，我有罪。

姚文元来说：我身体还可以，还能挤公共汽车。还说，今年下半年要有大事。

张春桥说：邓小平出来工作，江青是不满的。

对陈丕显的解放问题，毛主席批〈似〉示可解放，一直到 1974 年要解放。张春桥要我提出名单，我有罪，参与“四人帮”的罪行。

揭发。

去年王洪文在上海，打电话来说总理病情恶化。王说：早呢，这个病可能〈托〉拖了。总理追悼会一开完就要去打猎，司机不给开车，说这是什么日子，当时没去，过两天还是去打猎。

去年3月我去北京开会,张春桥对王洪文作风不满,说这都是周总理纵〈拥〉容的。张春桥这些话,我没报告,有罪。

攻击中央领导同志:

张春桥说,打击老帅,票要少选,批陈毅同志我也卖力的。

1974年姚文元离沪时批一位老帅。去年7月份,说下半年要出事。还说苏修将来要变回来。

1975年张春桥说,别说吃过洋面包的就是红色专家,今年又说过,我还传播过。

王洪文说:政治局分多少派。我中毒了。

国务院各部除三个部外,其他部没动起来,不批邓。最有能力的是张、江、王、姚。特别毛远新讲一位〈付〉副总理在东北不抓学大寨,只抓捞金子(毛远新……等人)。

今年2月到北京开打招呼会时,许多人来到马老住处,马天水住处成了联络站,险恶用心。

××:打电话给我,说我哪能这样讲?告诉照相机三厂。

批邓开始我要整理外省同志材料,"四人帮"通过我们手。根子在"四人帮",罪行在我身上。"四人帮"是个大骗子,我也是个大骗子。

批林批孔时王洪文说工会打头阵,层层开会,各级党委靠边站。上海是工会搞工团主义,主要是我。王洪文几次讲,要向党委汇报。

我在阴谋策划反革命武装暴乱的罪行。罪恶活动:

10月7日马通知我,中央办公厅的通知去开会,这次惯例没接到"四人帮"[通][知]。

7日下午到川〈纱〉沙,以前说减产,我抽空去看看。[下][午]6:30回来,问马天水同志有没有消息,后来又通过金祖敏有没有电话,找到马天水。景贤同志秘书告于会泳不出国了。

8日我去张春桥老婆家里。

廖祖康打北京电话所有人未打到,肖木也没打到。后给房××,[说]胃病复发。认为出事了。我把金祖敏秘书找来。暗号:肚子痛,胃痛,心肌梗塞。

下午五时,从反革命出发,找了民兵,对未找到三人给他们说。

8月8日晚:〈廖〉缪文〈进〉金来电话说心肌梗塞,和徐景贤研究要搞反革命暴乱。

廖祖康、冯国柱、部队二位同志、叶昌明、陈阿大、黄、沈寒、王祥俊、马云龙、康宁一，一起去的。到民兵指挥部，把马老情况，中央出了修正主义，我们死了，教育后代。我还说：二项决定不得人〈身〉心，他们抓了旗子。正常民兵 2 000—3 000 人，增加到 1 万人。反对中央，自己罪恶滔天。武装暴乱规划我没看到。

××：当天晚 2:00，王秀珍打电话给我，王说：马、周到北京开会。

××：做 1 000〈付〉副手铐，要交待，市委决定，让我上海工具厂做的，8 月份。

××：手铐是马天水批的，黄涛干的。

10 月 10 日我到北京。

以上是我交待的罪恶活动。现在交待我的思想根源在〈那〉哪里？长期以来只有“四人帮”，没有党中央，认为自己是中央委员，市委书记都是他们栽培的。从电视看到“四人帮”消瘦，我还问候他们。

我要彻底认罪。

今年 2 月 21 日晚，江青说，部队搞这个样子，等军队搞好了，我再穿上军装，〈带〉戴上五星。王洪文说，军队把青年干部搞掉了，只有一个人。并说，我最担心军队不在我们手里。

我去南京，没敢到招待处，就到亲戚家。

去年王洪文在上海住三个半月，特别是 9 月 18 日在锦江小礼堂开会，民兵要吃掉武装部。

听发言，看外表，领导熟〈习〉悉，群众拥护，违反五条原则。

举办读书班，路线错了，我有罪。

中组部要：轻工部〈付〉副部长；商业部〈付〉副部长；计委〈付〉副主任，30—35 岁。马天水和黄涛商量说，不要去，去一个就叫吃掉了。

1974 年王洪文交待要提一批名单到中央各部。十大前提 30 名，以后又搞个大名单。

王洪文说：阶级分析只要看表现就行了。有人揭发王洪文问题就给整下去了。对造反的老头头是有用的，到时候不会反文化大革命的。

张春桥：1968 年时说，工总司入党不能走后门，要走前门。

有几个人要判刑,报给他给包庇了。

××:许德英在××年和江青一块被〈补〉捕,1955年江青写了证明材料,1968年组织组给划掉了。

王洪文调到北京告我:有事和老头头共同研究,所以我有事和小兄弟共同研究。

××定七年徒刑,你们(王秀珍、马天水……)一笔勾〈消〉销。包庇反革命。

交待与张春桥臭老婆往来。1969年3月开始我从文静,不知她问题。1976年王洪文说张春桥要与文静离婚,我丧失立场,紧靠张春桥的铁证。

××:周总理逝世后,你说哭有十几种?攻击周总理。

××:1974年毛主席批准陈丕显可以解放,王秀珍说,为什么其他人不能解放?攻击华主席,说摆不平(王:讲了,我有罪)。

大会已进行了三天,大家认真学习了16号文件,马、徐、王三同志揭发交待问题,大家很不满意,需进一步端正态度,转变立场。大会暂时开到这里,下一步转入小组会,市委常委都要参加小组会,共同揭发批判,接受帮助。

马、徐、王交待材料印发各小组,再过一时期开中会,掌握掌握大方向。这次会议是党的会议,各分会场有揭发材料送到大会秘书处。彭冲同志讲话,可传达到全体党员。上海形势大好,坚持以阶级斗争为纲,把本单位运动搞好,同时还要搞好生产,把"四人帮"的损失夺回来,用实际行动批判"四人帮"破坏抓革命促生产。

今晚由各小组揭批,各分会场自行安排。

第二组小组会

张华宁:① 马、徐、王是与"四人帮"勾得紧,另立山头。② 这三人谁最坏?

唐文兰:王秀珍经常讲老右。

××:"四人帮"分裂党中央由来已久。今年3月份,"四人帮"与上海马、徐、王[在]打招呼会密谈。

王春晓:

1. 叶昌明入党问题,是他们包庇的,十大以后入党。

2. 今年3月打招呼以后，王秀珍整理攻击毛主席、华主席的黑话。唐文兰告别人说：从马路上捡来的。

3. 汪湘君，明知有问题，还提中央候补。

4. 黄金海，三十一厂有名小阿飞，社会关系复杂。凡不同观点的，他可搞逼供信，违反政策。四届人大代表，上边点名，组织部门报告群众有意见，上边照批。

5. 黄秋芳，十七棉，四届人大代表，上边定的。

6. 黄金海，把三十一棉的×××不够条件的提为党委〈付〉副书记。

7. 党委讨论都是个人说了算，因为有小兄弟，陈阿大就是个人说了算。

8. 选部级干部。1973年9月13日黄涛传达王洪文的，要选五名。1974年1月23日金祖敏开座谈会，要选一批送中央干部。1973年10月8日传达王洪文说，对工会干部说你们到中央工作，说从公司局一级选。

培养工人大使，第一批选了一批，送工交口先学习，有的送复旦学外语。所以"四人帮"把中央权掌握在上海帮手里。我们也感到外地不行，上海出干部。

9. 说王洪文是一人得道，鸡犬升天，污[蔑]说××同志，结果党委〈付〉副书记撤销了，一直劳动到现在。

陈杏全：

1. 马天水不是陷得深，而是合伙。

2. 徐景贤要滑头，避重就轻。如许多人参加的他讲；过程讲得多，如武装暴乱；负责宣传的，没有交待，三中全会不交待。

3. 王秀珍打击多少老干部，组织路线问题很多，不交待。

这一次必须老实交待，又一次给我们的教育。

鲍复：

马天水错误的估计形势，把市委搞成什么样子。

徐景贤要滑头，很不老实，说明反革命暴乱有理，有功。

王秀珍组织工作全国都在揭，工会[凌]驾于党之上，不是工团主义，而是指挥党。

陈大同：

三人交代非常不老实，存在幻想。马装糊涂；徐要滑头；王语无伦次。"四人帮"篡党夺权，蓄谋已久。发动群众打垮威风。黄涛后面二条线，一[条]"四人帮"，一[条]马天水。王炳英天天与马天水联系，黄涛死党。明天把马天水搞来小组斗。

曹维屏：大小会结合，上下结合，骨干同时开始，发动知情人，乘胜追击，丝毫不能松动。

叶纪林：他们交待的都是在各处散毒的，真正要害问题，一句也没讲出来。建议市委背靠背不行，上海市运动无法深入。应面对面，冯国柱、张金标等同时开始，一个问题一个问题搞清楚。王秀珍要害，组织路线。徐景贤要害，制造舆论，攻击总理。马天水要害……

梁星明(309)：

一、专案组

1. 徐盟(现公用局党委〈付〉副书记，比较适合，和“四人帮”没有什么牵连)原市建委〈付〉副书记，1968 年到干校工作，1972 年调组干组，和史仕远矛盾，批林批孔小史攻徐盟是对新干部态度问题。

陈阿大小舅子就是公交公司党委〈付〉副书记，情况复杂。1974 年去公交公司。

2. 专案组 30 人，其中 10 人机关，20 人基层，设在工交组。

3. 最好市专案组直接领导(黄、陈)。

二、马天水秘书，房佐庭于 10 月 30、31 日两天打二次电话找李家骝，电话打到值班室，单永洲接电话，问什么事不讲。

三、最红的，范崇星、李家骝、孙广权(有什么病，未来，生产组、工业小组造船)、陈任之(社会关系复杂)。

四、乐家康、陈任之二人搞电影，直接与上边有联系，电影方面没揭什么。对史任远知情人，没揭发出什么东西？唐光煊也没揭发什么？

五、几个秘书要做工作(了解黄涛)，杨元仁(最了解)、居开松(其次)、蒋庆良(再次)。

六、金传德，平易近人；紧跟市委在铁路上抓；不是常委小圈子里，不算小兄弟里的，小兄弟也看不起。

1976 年 11 月 9 日

上午，工交组召开抓革命、促生产会议。

纺织局张惠发：广大干部心情舒畅，不是用言语形容。10 月份计划完成生产总值 7.6 亿，比计划增 13.2%，比去年同期增 13.8%，10 月累计 73%。

10 月底止，棉纺织品超 5 000 件，9 月底前减产 1.9 万件。

广大棉纺厂干劲大，超产再超产。

四大名旦厂（上棉十七厂、三十厂、三十一厂、××厂）职工心情舒畅，生产没受影响，上升。

三个公司，棉纺公司、中国公司、××公司，受“四人帮”搞的苦，生产超额完成。

生铁、木材紧张。

下一步狠批“四人帮”，开展“工业学大庆”。

港务局：1—10 月死 22 人，上半年三把火，阶级敌人作案 5 次，破 2 次。压港、压船。当前压港 62 万吨，是历史最高峰。计划缺口大。

压的船舶 29—30 个，需车皮 450 个。

抓安全质量。

冶金局：焦炭应给 8.7 万吨，实给 7.9 万吨。要建立合理规章制度。抓节约。

交通运输：4 693 万吨，完成 80.2%（1—10 月份）。日班损失，夜班补回。问题：1. 积压 3 万吨（车站 2 000—3 000 吨，内河 1 000 吨，港口 3 000—4 000 吨，钢厂 4 000—5 000 吨），这是货与车的矛盾。2. 车辆完好矛盾，完好率 89%，配件材料跟不上。3. 资金问题，1976 年上报 3 000 万元未批，贷款多。

唐光煊：今天会由工交各局负责同志来开会。工交面上的情况汇报一下。工交生产形势很好。两个决议，上海沸腾，欢呼我们党又有自己的领袖。〈忠〉衷心感谢华主席对上海关心，派来苏振华、倪志福、彭冲同志来指导工作。

1. 一个月来，捷报频传，情况喜人。全市总产值 1—10 月 36.94%，比去年同期增长 5.5%，1—10 月累计 374.59 亿，比去年同期增长 3.5%，为国家计划[的]82.3%。

51 种产品，有 28 种高于去年同期。

仪表局，24.8%。

冶金局，总产值都超过。

轻工局，总产值增长 5%。

交通运输局，各局都超过计划。

排空,1—25 日 705 辆。

苏振华同志讲话,上海是工业重要城市,要开展农业学大寨,工业学大庆。我们在中央工作组领导和帮助下,把各项工作做好,发展大好形势。把革命和生产抓好。现在发展不平衡,有薄弱环节,与计划有差距。从市和各局对生产任务、重点产品、主要经济指标,作一次全面检查和分析。

今年总的生产水平问题不大,但有 23 个产品低于去年水平。特别钢材要稳产、高产。特别短线产品,如矽钢片、螺条钢。卷烟一再增产。对高压加缩器要抓一下。

1—9 月下降 63 项,上升 90 多项。上钢三厂三转炉钢铁料和货比有浪费。所以要抓单轨。

抓清仓查库。库存要压缩,解决当前材料紧张。

电,要抓好节约用电,负荷率 87%,最高 90%。要向自行车三厂九车间学习。多开中、晚班。

增产节约,防止突击花钱。

对亏损企业作一次检查,财政比去年增加 0.5%。

奋战 50 天,以实际行动声讨"四人帮",把"四人帮"干扰的生产夺回来。"四人帮"对上海影响不能低估。"四人帮"不听毛主席的指示,称王称霸,形而上学,开两个工厂,这方面罪行极其严重。

2. 在市委领导下,在中央工作组帮助下,不断加强生产指挥系统工作,党委不瘫痪,生产要抓。如一机床公司领导三带头(声讨带头;揭发带头;抓革命、促生产带头)、四不断(生产分析不断;调度协作不断;组室人员下基层服务不断;领导坚持三同不断)。过去我们日报不健全,分析不健全。这是在计委、工作组帮助下搞了一下。

3. 抓两头,抓典型。对企业要分析好的,比较好的、差的,总结先进加以引导。

4. 生产存在不少矛盾,要采取有力措施,召开专项调度会议,一个一个认真解决。

5. 冬季到了,做好防寒保暖,注意安全。

6. 做好明年生产准备和明年计划编制,首先做好明年一季。明年计划由综合计划组牵头,我们积极参加。有些物资问题,陈东坡同志研究提出意见。

最后，奋战 50 天，把革命、生产搞得更好。可能市里要召开抓革命、促生产的大会，要做好充分准备，不〈估〉辜负华主席对我们的期望。

良图：揭发“四人帮”是历次斗争中最大的斗争。上海经济战线和工交战线形势大好，过去受“四人帮”破坏，现在要夺回来。现在中央组织部委来上海组成工作组，帮助工作，最近三位书记对经济战线很关心，最近可能要有新的运动，掀起抓革命、促生产的高潮。要以实际行动粉碎“四人帮”。上海市要做得更好。

1. 工作组和工交组商量把上海市工交 200 万职工，积极抓好革命，尽全力促好生产。把今年计划尽可能完成得好一些，尽可能少欠产，欠产部分尽可能夺回来。

在市委统一一元化领导之下，在工作组帮助之下，在工交组核心统一安排下，把今年抓革命、促生产战役拿下来。争取给市委同志写个报告，让市委放心，甚至给华主席写一报告，请华主席放心，不〈估〉辜负中央的期望。赶快组织起来做好这项工作。今天就像一个初步发动。

2. 希望一些企业带头提出这项倡议，热烈响应党中央的号召，如果市委召开更好，市委不召开我们开，要早作准备。

3. 试提一下，上海市工交系统要努力完成今年生产计划。从 11 月 1 日开始建立新的日报以后，领导同志每天都看，纱问题以前欠产，现在还可超产。要求轻工多生产市场商品，解决上海市财政收入，繁荣市场，支援外地。化工原料生产要多生产。冶金工业要多轧一些好材，多生产螺纹钢、薄板线材……设备完好率……组织战役不能偷设备，保持一定量库存。千方百计克服困难。工作组作后盾。这些问题在工交组里共同研究。年前还有 52 天。

希望三五天之内，工交组综合起来，既是行动计划，又是向上边报告。

1976 年 11 月 12 日

上午，沈乐天、肖云机、张树园。

张：1. 廖祖康说：我们做的都在主席房间。2. 吸痰器，领导同志说用得很满意，还要搞 99 支。陈任之也在东湖饭店住 10 几天，廖祖康不在，领导我们。

1. 鸟牌呼吸器(美国),二个。

2. 病人监护装置(日本、美国),二个。

3. 蠕动泵(瑞典)二个。

上海市外贸局已到货,无人提货。

下午,区县局党员负责干部会议,工交口中型会,参加120人。

翁俨偌:马天水在批邓时说:“点名只点部长,但错误论点要批,可以提某些人。”(马天水:我讲过,暗地里讲不少,我向中央报,不在这个会上讲。)

马天水亲自打电话,工交组要赶快组织一批所谓有影响的先进单位去复旦、师大看大字报,要有领导干部,也要有理论骨干,回来以后可以在工厂里搞起来。(马:我就是搞阴谋诡计,想把批邓传下去,干得很起劲。这是两个司令部的斗争,现在不要这么提。)

××:打招呼会议不发中央文件,只是发些无头文件,到小组造谣说有些省比胡汉三还胡汉三。

问:为什么1月8日纷纷出笼?

马天水:我说万里是死硬派,说马若骥是一贯的。总理病危我知道,我如果要知道总理逝世还召开这个会,应当马上枪毙我。

问:你知道总理病危,你还于1月8日晚上开座谈会,为什么?

马:我小会上讲,又不愿意传,这就是阴谋吗?“四人帮”篡党夺权,我是帮凶。

态度:① 指手划脚。② 我不在这个会上讲,我向中央讲。③ 只讲过程,不谈思想。④ 不正面答复问题。⑤ 史任远不发言还笑。⑥ 有地方秘书房佐庭代他解释。⑦ ……我回忆。⑧ 我已经写了二十四页多。⑨ 我不能再扩散了。⑩ 大部未发言,还有笑的。

马:“我赞成张春桥当总理”。“我说过不要帮倒忙”。要害的事,我对“四人帮”靠到一切,扭到一起的。

问:怎么和“四人帮”勾结的?

马:那一件事我都帮忙了,如批林批孔。

问:总理病危你1月8日急急忙忙开座谈会,点八个〈付〉副总理的名,为什么?

马：张春桥说邓小平一批人……我是赞成的。

问：要江青保重身体，领导我们战斗……当时毛主席健在，要江青领导和谁战斗？讲第一战役，第二战役是什么？

问：你到钓鱼台，江青送你什么？

问(化工局)：1. 江青讲什么用意？2. 军队是这个样子，我不戴军帽，军队整好了我再〈带〉戴。3. 人家说我也是上海帮了，对你讲是什么用意？4. 第二战役是指什么？5. 为什么送你全国地图？6. 工人农民要革命会出领袖人物的，为什么？

马：在京西宾馆他们是搞阴谋的。武装问题，王洪文特别关心，特别[对]武器关心。民兵武器，每次发枪都要经过他。这次发枪 6 月 27 日。

问：你有什么阴谋在打招呼会后，在京西宾馆怎么策划的？(大屯张文〈涛〉韬)

马：我有实际行动。

大屯张文韬：向你们交底已有谱的，你也有谱？你把他们当中央，他们送你地图打击什么人？你心里是有谱的。

马：我回忆一下。

房佐庭：马天水的左中右已经[变]形了……

马：中央、国务院有的是中间的，有的是右的。部、计委更多？好的文化部、卫生部。左中右我心中有数的。我提供炮弹给他们。我串连了。

××：国家计委一个〈付〉副主任专门整上海，现在我不说，将来我要说。

去年上半年马打三次电话给张春桥，张回信说三句话，你现在很烦恼，我无能为力，不要急。

马："四人帮"半靠边了。

问：你怎么知道"四人帮"半靠边了？

马：他们说过无能为力了。

下午，继续开中会。

金传德：昨天。

马天水：1. 昨天会上我不应当顶，我请罪。

2. 张春桥说：① 五个省转〈湾〉弯子不容易。② 攻击中央领导同志，说水平没超过斯大林同志。我和他合拍了,很合拍。他解放我,感恩戴德。

3. 我搞阴谋诡计配合他们搞。我插手江苏,很坏,这是阴谋。江青同志,江青是坏蛋。

揭发:1974 年 1 月批林批孔运动刚开始,“四人帮”背着毛主席、周总理。

马:“四人帮”在北京 1 月 25 日大会矛头指向周总理的。“四人帮”反总理是一贯的,看得非常清楚。过去模模〈忽〉糊〈忽〉糊,真正清楚的是从今年 2 月打招呼会议。

揭发:江青送材料,交待。

马:迟群、谢静〈一〉宜来送材料,是江青派来的。

问题:揭黄涛问题多了。

问:“四人帮”怎样布置你篡党夺权的?

马:张春桥批林批孔开始来封信,有煽动性。

问:批林批孔你们配合很紧,你马天水怎样为“改朝换代”卖力的?

马:我自己到几个厂去的。根据张春桥黑指示,当时破坏了批林批孔了。主谋是“四人帮”,我们是帮凶。每次开大会都是向他们汇报。

我们煽动南京军区送大字报,要搞乱,配合他们篡党夺权,我们三个人策划的。

对戴立清,我是包庇、迁就,我保王洪文,戴立清。我包庇不只一个人,我犯了很大罪。

揭发:你们想通过总工会,来控制,压我们。

不是压,而是要改朝换代。

马天水 1974 年 3 月 26 日下午 3 时去制药厂放毒说:老中青三结合阻力很大,从中央到地方都有阻力。

马:我指向毛主席,我有很大错误。

揭发:阻力来自帝修反,来自地富反坏右。

马:我想想再说。

张维:1974 年初批林批孔开始,张春桥在上海抓“克己复礼”典型,开始在长航局作典型。为什么调动民兵?

马:我错的,有罪。我严厉批评刘伯涛同志,我有罪。

张维:通过铁路给“四人帮”偷送什么东西?

马：送什么东西我不清楚，事情有，我指定人让他负责。

张维：为"四人帮"效劳，今年非法送去五批物资，派专人〈压〉押运。9 月 1 日黄涛、廖祖康、马振龙、黄金海〈压〉押运，送往北京。9 月 25 日黄涛带 6 人〈压〉押运。为什么"四人帮"、马、徐、王要夺铁路权？

马：这件事我插手。

张维：去年 3 月 30 日王洪文从杭州回来，马天水来铁路局要把这个权交出来。

张维：马天水说漏了重要人物、重要物资，所以要夺我们权。实际漏了[二][个]锦江饭店二个服务员和三筐〈平〉苹果、餐具。实际[上]马天水不让听中央的，[而]听上海的。马天水说："你们没有这么大胆子，谁叫你们这么干的？"你是追根子。马天水对我们说：你们是乡村包围城市。你的矛头对[准]中央、对[准]毛主席！（马：是的）。

马天水：我对中央 9 号文件是反对的，我没有执行中央 9 号文件。

张维：你不要拿中央 9 号文件压我。

马天水：我是反动的（群众：反动透顶的）。对，我反动透顶的。

张维：[和]12 号中央文件唱反调，你马天水。马天水说要在铁路局抓胡汉三，抓徒子徒孙。

李家骝：揭发黄涛在今年计划座谈会上，找"风源"。对准务虚会、年初计划会，矛头对准华主席。

马天水：黄涛回来的时候我问黄，黄说"风源"不是"四人帮"策划的。黄涛去时我讲过三句话（关于条条专政），① 总根子邓小平；② 9 月 21 日徐景贤到张春桥说[处]你们不要出头，计划委员会是大本营；③ 少点各部名。

马天水：对外贸部门，"四人帮"很早就想抓外[贸]部门，过去的许多事情，我现在看是对总理的。

李家骝：黄涛收集 20 份材料到北京，黄说三个部[还]政治还可以，矛头主要对准国家计委。

马天水：我说点交通部，外贸部是可以的。王洪文说过要改组国务院。

陈大同：今年初计划会议黄涛带队，天天和你通电话，国家计委要黄涛发言，黄涛不发言。张春桥、王洪文不叫黄发言，我说你听他们的。

马天水：黄涛说不准他发言。

陈大同：你对谁施加压力？

马天水：对国务院、国家计委。

陈大同：黄涛回来讲到二十条，要收回，你要印发。

马天水：我说经济部门积重难返。

陈大同：你的矛头就是对准党中央。

马天水：是的。会议后期你(指黄)要对投资提意见。

李家骝：国家需要 32 吨汽车，你马天水就不干。

反对周总理问题，为什么组织稿子。

晚，中会斗王秀珍。

揭发王秀珍：为“四人帮”篡党夺权，吹捧，王秀珍说党中央就是“四人帮”。

揭：四届人大选代表，他们熟〈习〉悉的就安插，陈阿大、肖木、黄金海。

揭：重大部署，纺织系统要迎接三中全会，三十一厂、江南厂都作了准备？

揭：主席逝世后，“711”怎么布置的？（王秀[珍]：是黄办[办]的）。

揭：主席逝世后，又唱歌又跳〈午〉舞(王秀[珍]：跳了)。

1976 年 11 月 13 日

上午，乎加同志布置大会发言。

乎加：

1．一个纲是篡党夺权，把执行革命路线的人打下去。

2．又以革命左派自居。

3．打人的材料实际是自己。

4．要揭出要害问题：(1) 批邓一开始就另搞一套；(2) 以批邓为名，从中央到地方要打倒一大批同志，达到反党夺权目的。华主席讲话提纲里都讲到了。

用罪证讲话。用事实讲话。四、五号文件怎么讲的，“四人帮”怎么讲的，对比。

从打招呼到计划会议，这是很有力量的一篇，可以送中央。

〈是〉似是而非的材料不用。

乎加：第二篇破坏国民经济。

国家没有速度，大爬行，谁敢抓生产，谁敢抓管理。一抓生产就唯生产力论，一抓管理就管卡压。马天水讲的比"四人帮"分量重得多，上海 3 000 多企业。工人做工，农民种田，技术人员学技术，秀才写文章，都有罪。篡改马列主义、主席思想。破坏基建，破坏生产。

上海胡子工程 1 000 多个。

上海愿干就干，不愿干就不干。

今、明天中会，然后开大会，各条战线要拿出成果，摆出大量事实，揭露他们的破坏罪行。政治思想上搞糊涂。凡抓四个现代化、抓生产……都是罪人。只有那些玩女人、打鸟……用二个工厂打人，"拿棒子打人"就是顶革命的。丢死人了，对你们上海，工交组、黄涛、陈阿大、黄金海……什么货色，还要统制全中国，有些人到现在还扭转不过〈湾〉弯来。

把上海的名誉搞坏了，讲质量讲阴谋了。事故多，劳动生产率低。

黄涛抓"四人帮"享乐服务，马振龙用新产品为名搞贪污，保密室内现金 7 000 元。……吸工人血的资产阶级分子。他要质量是为了贪污的。

体育馆 900 万元计划，3 400 万元实际。

主席怎么讲的（质量、速度、经济核算……），他们怎么搞的，篡改，把思想搞乱，把执行主席指示[的][人]打下去，换上他们的人，××龙……。

晚，中会。

鲁纪华：今年 7 月份王秀珍说，为什么项目上不去？马天水说这是交办项目，这是有来头的。

计划组程国平（领导核心）：这是王秀珍的项目，还有一个是陈阿大的项目，在良工阀门厂制造一个机械厂，投资 1 000 万元。陈阿大说，基本建设长就长我这个厂吗？还有一个马振龙的项目，7 700 平方米，轻工局的政治干校，用了更新改造资金。马天水批了（马：丧失原则）。用所谓调动二个积极性给"四人帮"树碑立传。

上海体育馆总理批准，上报 900 万元投资，现在 3 300 多万元，上报国家计委，无法安排，只安排 2 400 万元。总理批示：设计到现场去，北京长处要学，缺点要去掉。马、徐、王大骂，为什么上海不能超北京。

体育馆里 28 根柱子，全部搞好，马天水一句话，全部炸掉，工人同志们都掉眼泪。又要把 36 根水泥柱子炸掉,换成大理石的。

××：总理要进 13 套化纤设备。

程国平：体育馆内要搞手提式电冰箱,用于首长看球时间长、吃点心怕变质。

马、徐、王、黄涛之流,天文馆、植物园投资 370 万元,这是江青项目。

对“四人帮”项目那样卖劲,但对公用事业你们都不讨论。

建工局：马天水、王洪文住的房子,就是党内资产阶级。

程国平：① 解放初期有浴室 110 个,现在只剩 80 个,又建 8 个你们(马天水)不干。② 马天水又搞游艇,要超北京(马：我听说过)。③ 上钢一厂半连轧,国家项目,你马天水为什么不抓?(马：我抓的不够。)

张思明(梅山核心小组〈付〉副组长)：你对梅山怎么破坏的?(马：第二期工程,冶金部不赞成梅山意见。)梅山铁矿是很好矿,外边谣言说下马了。有了 3 亿吨,最大的地下矿。梅山工作面小,需大型设备,马天水不让进口,又不让库存设备拿出来。2 000 立方米高炉吃进口矿。国家急需项目[被]破坏,过去大汽车几千万元进口,总理把任务给上海,试制 32 吨、15 吨,国家计委给 4 500 万元,但马天水、黄涛、陈阿大不搞。黄涛说,上海就是不搞。国家计委又给 200 万元投资,但马天水等人把 200 万元交给……所。我们写了人民来信,转到陈阿大,陈写:“是我拉掉的,怎么样?”

汪儒文：国家计委本子上写 5 000 万元,上海给我们 2 000 万元,还说你们新桥矿去找国家计委去,我们找了计委一看本子是 5 000 万元,你马天水是什么心肠。

张文韬(大屯煤矿)：我们研究体制问题,黄涛大搞二个工厂,你马天水大〈势〉声吼叫。

程国平:“四人帮”放个屁,马、徐、王就要唱台戏。811 工程(活动房子)。

王洪文钓鱼绳 3 万元做的,黄涛儿子打针用金针。

铁道医学院为 12 万职工培养医生的,王洪文一个批示搞招待所,王秀珍一个批示作图书馆,停止了医生的培养。

××：什么叫合理规章制度?(马：我受“四人帮”的毒,这有罪责。)

××：要成立计划组、工交组、建委,你怎么看?(马：我不赞成。)

“四五”上海国民经济总产值增长 9.6%,去年下降 5.3%,今年比 1975 年增长 3%。

成本，1971 年比 1970 年下降，去年下降 0.08%。

煤消耗，1975 年 4.3 吨，1970 年 3.3 吨。

马：几年来，给“四人帮”搞帮凶，搞资本主义路线。今天触及我灵魂，我很感激。

陈大同：今天不只触你灵魂，要剥皮。

1969 年 249 万元。

1970 年增长 37.5 万元。

1971 年增长 38 万元。

1972 年增长 34.8 万元。

1973 年增长 37 万元，403 万元。

1974 年减少 50 万元，350 万元。

1975 年 370 万元。

怎么造成的？

现在消耗高，成本高，事故多。

破坏生产：① 上钢一厂车间 1966 年一季改造后，1971 年发挥作用，1971 年增长，1972 年又增长。1 150 投资 1.5 亿，现预算 2.3 亿，周总理 1970 年 5 月参加钢铁会议说，上海要多搞品种质量，不要搞数量。② 马天水破坏连续注锭（马：我说过），毛主席逝世[前]9 月 5 日还说……。我们三个转炉车间，连续注锭占 38.6%，一个车间占 49%。

程国平：破坏外省市关系。

① 搞汽车和外省一辆汽车[要]40 吨生铁（一辆车 2 吨多），你上海敲诈勒索。

② 广东、上海协作，10 套化肥，（经国家计委）已给了，又不给了，因为马天水老家需要，不给广东（计划内的）而给了河北省。

③ 买船问题上攻击国务院领导同志，先念〈付〉副总理说，每年租船三年就可以买了，痛心。你们攻击总理（马：我罪该万死）。王洪文批买船问题，[说][是]没有林彪的林彪。

1973 年中央召开环境保护会。

④ 马天水搞计划新体制反对总理。总理要搞综合平衡，马天水就只搞计

划综合组，马说，就是不给你们计划大权，计划大权集中在市委手里。总理要求[加][强]计划机构，马天水就是不加强。

1976 年 11 月 14 日

当前宣传要点请示报告

1976 年 11 月 1 日

目前党的宣传工作中心是，坚决拥[护]华主席为我党领袖，团结在[以]华主席为首的党中央周围，[开][展]粉碎“四人帮”的斗争。

宣传要点如下：

1. 热烈拥护华国锋为全党主席、军委主席，要宣传华主席是毛主席的指定接班人，挽救了党、革命的伟大作用。

2. 大力宣传毛主席所以要搞马克思主义，不要搞修工主义，要团结不要分裂等三项基本原则。抓住他们披着马列主义外衣，搞修正主义，从政治上、思想上、组织上彻底揭发复辟资本主义，投降主义，卖国主义。

3. 大力宣传坚持以阶级斗争为纲，认真学习毛主席著作、马列主义著作。批邓、反击右倾翻案风。

4. 大力宣传粉碎“四人帮”的胜利，无产阶级专政非常巩固。加强人民内部团结，团结一切可能团结的人。工人阶级内部没有根本利害冲突。

5. 大力宣传抓革命、促生产、促工作、促战备；工业学大庆，农业学大寨；我们一定要解决台湾。

6. 大力宣传坚持无产阶级国际主义，团结第三世界，争取第二世界，打击二霸，特别[是]苏修。

7. 以上要点，要通过多种宣传。

此件已经中央政治局讨论批准。

1976 年 11 月 12 日下午 4 时耿飚同志在宣传口宣传工作会议上讲话，要点有三：

1. 突出宣传华主席。

2. 揭发“四人帮”的伟大意义。

3. 揭发“四人帮”。

注意：

1. 揭发“四人帮”不能手软，是二个阶级的斗争，是你死我活的斗争，“四人帮”是中华民族的大敌，全党大敌，人民大敌。

2. 与“四人帮”斗争要放手发动群众，除四害是全国人民的共同心愿，批倒批透。

3. 掀起学习马列主义、毛泽东思想的新高潮，认真学习马列主义、毛主席著作，特别认真学习毛主席无产阶级专政。

4. 揭露“四人帮”是伟大胜利，但[要]从思想上一个一个批倒批臭。他们紧抱在一起，反对毛主席，打倒一切，反对一切，中央正在审查他们的历史。

5. 宣传华主席，继承毛主席的遗志。毛主席讲文化大革命七分成绩，三分错误，七分是毛主席领导，三分是“四人帮”搞的。

6. 揭发“四人帮”破坏我党传统罪行。

7. 大力宣传抓革命、促生产、促工作、促战备。首先把抓革命讲够。

8. 这个宣传要点不要登报。报纸要办得活泼一点。未发表的主席语录，不要发表。

1. 永远按毛主席既定方针办。

2. 江青、姚文元、迟群、谢静〈一〉宜，1974 年 1 月 25 日在中央批林批孔讲话。

3. 迟群 1976 年 9 月 9 日[在]清华大学支部书记会上讲话。

4. 迟群给毛远新的信，毛远新、纪钟明关系。

5. 迟群在两报[一]刊座谈会讲话。

6. 迟群传达江青 1975 年 4 月 14 日讲话指示。

7. 江青 1936 年购机祝寿和赛金花。

8. 江青 1976 年 10 月 1 日在清华大学讲话。

9. 张春桥 1975 年 3 月 1 日在全军大会上讲话记录稿（讲学习部分）。

10. 王洪文 1976 年 10 月 3 日在平谷县讲话。

11. 张春桥反毛主席的铁证。

12. 张春桥 1938 年 3 月文章“韩复榘”。

13. 张春桥写的一首反动诗，1934 年 12 月 16 日文坛文学。

14. 徐景贤 1975 年 10 月 10 日给张春桥、姚文元的信。
15. 张铁生、刘继业的反动言论。
16. 迟群 1976 年 10 月 6 日在清华团委讲话。
17. 上海市委一些人反革命暴乱的一些调查。
18. 江青在记者会议上讲话,1976 年 3 月 2 日。
19. 江青接[见]大寨大队干部,1975 年 9 月 10 日。
20. 江青在天津,1974 年 6 月 19 日。
21. 张铁生在太原市讲话。
22. 张铁生试卷的揭发材料。
23. 江青二次来大寨干了些什么?
24. 王、张、江、姚反党集团操纵反动舆论。
25. 张早就是地道的投降[派]。
26. 揭发张罪行。
27. 揭江青在创业、大寨反党言论。
28. 小[靳]庄揭发江青。
29. 江青三次去小靳庄部分讲话和活动。
30. 上海市委揭发王洪文吸工人血的罪恶。
31. 江〈清〉青吹宋江是英雄人物。
32. “四人帮”在上海大量选拔亲信夺中央领导权。
33. “四人帮”是洋奴。
34. 江青写黑诗制造舆论。

关于拟定 1977 年国民经济计划要点:
一、深入开展对“四人帮”的大批判。
二、拟定 1977 年国民经济计划指导思想方针:
1. 发动群众,开展工业学大庆,农业学大寨。
2. 把农业、轻工业搞好,衣食住行有所改善。
3. 生产和基建关系上,先保生产,后搞基建,明年先把生产能力搞上去。
4. 所有工业企业都要把质量、品种放在第一位。
5. 提倡全局观点,反对各行其事。

6. 干劲鼓足,指标留有余地。明年指标要有幅度,上半年按低线安排了。

乎加:我们任务,砸得彻底,立得正确。

建立老中青三结合的好班子。

现在串连问题基本解决。

重要问题是各级党委一元化领导运动。我们参加局组工作。参加领导。帮助工作。

绝大多数局可以工作,个别局派人去主持党委。各单位的群众急,有问题的人〈托〉拖,等工作组去。

我们认为,不能马上着手解决具体问题,因为情况不明嘛! 谁是我们的朋友,谁是我们的敌人?

依靠原有党委,学 16 号文件,揭批"四人帮",揭批马、徐、王。一发言面貌就清楚了。在企业、工交系统绝大多数是受影响,所以要帮助他们放包袱,形成多数。

集中火力揭发"四人帮",上海集中马、徐、王,各单位以后再作,通过揭发,工作情况也明了。依靠谁、反对谁、争取谁,清楚了。学习 16 号文件。把积极分子吸收到党组织周围,最终目的争取二个 95%,把少数死硬分子孤立起来。

1976 年 11 月 15 日

上午,工交组核心组会。

一、讨论翁俨偌同志写的大会发言稿"批邓另搞一套,阴谋篡党夺权"。

二、翁俨偌发言。

三、唐光煊同志谈计划座谈会发言,内容:

1. 批判"四人帮"。

2. 生产计划意见。

3. 基建计划意见。

抓节约:

1. 潜力:① 1—9 月钢铁料多消耗 23 万吨,比去年同期超 5.8 万吨。焦炭比去年超 3.6 万吨。煤比历史超 30 万吨。电比历史超 2 亿多度,比去年超

1亿度。历年给上海50万吨钢材,明年30万吨。② 层层设库,煤集中管理。③ 综合利用,硫酸渣20—30万吨;粒铁■50%—60%。

2. 明年安排,农、轻、重。① 首先把支农产品搞好。② 努力增产轻工产品,发展品种,提高质量。③ 大力降低消耗基础上,发展原材料生产。明年钢……化工基本原料和金山工程,全市20亿,金山占7亿。半连轧,10月上旬300吨。④ 机电仪表工业,下来了,少三分之一,因投资少了。⑤ 搞好国防军工生产。严格按国家计划。水平,明年480亿(大家报的),今年455亿,占5.2%(1976年3.5%)。

明年一季110亿元(总产值),今年一季104.6亿元(总产值)。

明年一季钢99万吨,今年一季钢……

明年提出战斗口号大战一季度,突破100万。措施意见:① 抢建一批技措项目。② 明年强调大搞群众运动,小改小革。③ 抓质量品种。

清仓节约扫仓库会议(兰州),孙勉主持。

降低单耗会议(广州),宝华主持。

良图:有关工交组的几件工作问题。

1. 批文问题:马天水还没停止工作,有关中央来的文件(国务院、部委、省市),到工交组后,工交组认真办好,要有交待,遇有重大问题,核心组开会。解决不了的,请示乎加同志,我作为联系人。彻底改变过去篡改。

2. 年前一个半月和明年一季生产安排问题,工交组要组织起来,抓紧实现。抓紧召开生产调度会、基本建设会。调度会每星期都要有。同时,生产建设作好今年的预计报告,预计及时报告三位书记,抄告有关部委、国家计委。争取各部委及时帮助,书记们的指示。抓住工交系统的先进典型。

3. 年前基建排队扫尾,澄清,搞好。今年能拿下什么,明年搞什么?甚至停一年,停二年。集中力量打歼灭战。

4. 准备明年计划工作。物资,劳动,生产。

5. 华东地区电网600万装机,发电400万,另200万不能发挥,有名无实。华主席亲自批准,要上海市配高温加热器,上海市组织大会战,我牵头,包括上海二个30万kW机组。把机械工业以一机局为主组织起来,工交组负总责。遇到材料有问题,我牵头。

6. 当前用电，今年二个月华东电网用煤不能增加，按 400 万需增 20 万吨煤。上海在大屯有 2 万吨煤，明年一季 250 万吨油、250 万吨煤。因此，明年一季电相当于今年四季水平。号召：① 节约用电；② 用于轻工，钢材可下来。化肥、合成氨，化工原料，轻工市场，纺织。

国务院领导同志说："打倒'四人帮'，过个好春节"。轻工、财贸召开联系会议。回笼会议。中央提出搞好衣食住用行。

明年解决工资问题。

7. 机关运动，稳定下来，由秘书组、总支把运动秩序搞好。

工交组一同志由物资局联系工作说：你就是张口工作组、闭口工作组，你还有没有工交组，你找华主席吧！

8. 专案组成立起来了，由翁、许萌同志，乎加同志意见，参加核心组领导工作。

工交组的领导同志分工搞好。集中力量揭发"四人帮"，集中力量抓好生产，不〈估〉辜负华主席的期望。遇到重大问题，乎加和我都帮助一下。同志们精神状态要振作。工交组全面工作由金传德同志抓起来。把机关同志组织起来。该下厂下厂，抓紧一些。经常开会检查，把机关同志调〈度〉动起来。

下午，孙振良，造船小组，生产组支部委员。

1. 用电问题：陈任之说我已经和工作组谈过了，用电很紧张，群众要批斗我，要工作组〈培〉陪我去，这[次]的调配不是我们干的，要揪就和工作组一块去，否则我不去。陈又说下面打电话来，一句一句记下来，向市委报告。陈任之是管电影的，很受黄涛赏识，到现在没写过一份像样的大字报。

2. 乐家康问题。林乎加同志说过，工交组发言稿(翁俨偌)后说"四人帮"说工人做工也犯罪，农民种田也犯罪，就是像"四人帮"不会做工、不会种田还有功。乐家康说"四人帮"没讲过工人……农民……只是对领导干部讲只顾拉车不抬头看线，根本不是对群众讲的。("四人帮")他也讲生产。乐又讲，工作[组]刚来有些话我还听得进，"四人帮"把作风破坏了，这个说法(按乎加同志的讲法)也是这样，我看差不多。这样下去也没有好下场。以上二个人，到现在也没像样的揭发。

3. 徐良图同志在六号会议室讲的要提个倡议，到现在止，生产组领导也没有讨论过,也没研究过。

4. 范崇星这个人是关键,现在只揭皮毛。哥哥反革命,父是小〈叶〉业主,入党我们反对。李家骝讲,你们不介绍我介绍。陈阿大讲,发展小范入党为什么比登天还难。

5. 过去任何一个运动,生产组等(其他组)每星期下午都有人领导布置,现在没人布置不研究,说明对批"四人帮"的态度。大上星期天下午开会,支委会要求生产组四个头头揭发交待和"四人帮"关系。

陈任之包袱重重。唐光煊轻轻松松、嘻嘻哈哈,群众反映强烈。范崇星讲一句,去年到会上作了炮筒子。葛衡主持会议。

群众说,帽子大,调子高,实质少。

按问题排队,范、唐、陈、葛。

我感到工交组运动处于瘫痪状态,没人抓,不研究,不布置,实际上工交组问题不少。

几个人物:

秘书:1. 翁与李,李比翁坏。2. 章增也〈满〉蛮坏。3. 章杰俊也蛮坏。

组织:史任远,紧跟"四人帮",贯彻马、徐、王、黄任务不折不扣,把〈徐〉许萌赶下台。

生产:葛,群众称其为"老狐狸"。孙广权,工业组〈付〉副组长,主管造船,整中央各部材料,起劲。黄涛要提他为部长。肖云基,听话,欣赏。乐家康。沈乐天,到东湖,管轻、纺、手,供黄、陈等交办任务。

黄涛秘书:杨元顺、居开松、蒋庆良,霸道,杨、居紧跟,蒋稍好。

值班室:罗阿华最坏,陈慰宗稍好,尤文娟较好,陶韵贞管事务,情况不了解,态度还好。

工作人员分三等:① 时间长的情况熟〈习〉悉,头头看中的。② 能受老的指挥的。③ 年轻时间短的。

徐学元,一般,能说善道。有干劲,不会拍马■■,思想意识不〈建〉健康,吃喝。

小杨,实事求是,好的。

防止有些人挑拨与工作组的关系。

晚，研究供电问题会议。

良图：几天来，棉纱 930 万斤，布 660 万米。缝纫机……自行车 5 000 辆。有人说，形势大好，电不好。有的坏人在捣乱。

〈戈〉葛衡：13 日以来，上海历史以来没有，最低 45.59 周波。主要问题用电下来。

李锡铭〈付〉副部长：望〈停〉亭电厂事故是责任事故。明天下午二台可发电并网。400 万 kW 也要有所取舍。舍电炉钢保轻纺。其他省怎么办？你超我也超。

良图：华东电管局要严格执行，不能平均主义。最近二天，搞一个临时的安排计划。先定三天，16、17、18 日三天，360 万 kW。国务院委托华东电管局监督执行。国家计委、煤炭部、交通部要计划运煤。油争取超发。

周波下去 1，消耗煤增加 1 克。

上海，144 万 kW，确保轻纺、人民生活。

李锡铭：事故分析继续搞，同时建立制度。

1976 年 11 月 16 日

上午。

科技组按市委〈布〉部署，马、徐、王检查后传达。

杨序昭：群众揭批，36 个单位还是可以，也有少数党委出现问题。有的单位不信任科技组，讲话不灵，群众要求要见工作组。工作组意见，杨西光负责也可以。

提出一些问题。

1. 加强领导问题。所里群众说领导要加强，要有工作组参加。现在权威问题。你们说话没权威。说你们三个人一定要找到工作组，把情况汇报一下，主要加强科技组领导。工作组不来也行，开会时来讲讲也行。

2. 抽空工作组来讲讲话也可以。

3. 有人调查工宣队来历，有的工宣队不受党委领导。如原子能所与群众对着干，不大听党委的。有的院所贴了工宣队大字报。工宣队有 300 人，有的单位如十一所 20 多名工宣队。

4. 30 个干部问题，市委提出加强领导，3 月报 4 月批，9 月份报到。22 个人已回去9人。

5. 科技干校1969年以来到现在,有人说科技人员不是干部,不应进干校(指党政干部)。学员要求提前回来,说“四人帮”办的干校方向不对头,说把科技人员[放]到干校,在路线[上]对不对。

许言:有些情况要向工作组反映一下,工作组对科技系统没派工作组。科技系统由杨西光同志和工作组联系就行了。实际上领导不起来。下边的问题可能越鼓越大,甚至影响生产,影响科研。

我们系统你们感到问题不大,我们班子没有得到群众信任,所以主要干部不信任,机关干部也不信任。

杨西光同志已工作一年,马、徐、王是市革委〈付〉副主任,摆在科技组,好像考察试用。如说杨西光与马、徐、王有深的关系,也不能这样划,但有一点,特别批邓以后,从下边反映,机关反映,和我个人看法,杨西光跟得紧,批邓卖力。所以下边群众说有点捂盖子,应当说清楚。一年来也是紧跟的。

杨西光定调子。如说小蔡同志已经转过〈湾〉弯子了。又如要机关写个简报,说小蔡已转过〈湾〉弯子了,群众也有意见。

有时杨西光以市革委会〈付〉副主任面貌出现,有时又以科技组负责人面貌出现。

下面同志要向工作组反映,杨西光同志说不要反映了,向我讲就行了。杨西光经常发〈皮〉脾气,扣帽子。

他们二位(杨序昭、小蔡)机关的反映和马、徐、王、“四人帮”关系密切,所以下边讲话不相信。

我的情况,有人说我是受迫害的,当然有时也相信的,也干了一些坏事,在一定时期也要检查。

他们二位腰杆子不硬,一是下边不信。

下边院、所班子绝大部[分]领导还是好的。

下边同志说,科技组班子是否得到新市委信任了。一九三二所(大型计算机)党委书记还是不错的。

希望工作组帮助说说话。有一个工作组同志能参加会议也好。

对这些情况杨西光估计不足,我们要反映,杨西光不要我们反映。大家都很着急。我看科技〈术〉组听杨西光〈布〉部署有困难。

杨西光，运动前后大变，经常发脾气，还说人家都是受马、徐、王影响，他就没受影响。

希望[对]杨西光同志情况，工作组能了解一下。

科技组问题也不简单，过去[之]所以立清在科技组〈呆〉待三年(1968 年底—1971 年)。

小蔡：这次运动以来，我们没有抓好对运动领导，我们也有包袱，怕这怕那，没有主动去领导，科技组核心组不敢领导，对所也造成被动。这样领导没有权威，群众也不听。这次 20 个单位参加会议(区县局)46 人，大部[分]同志对科技组有意见，特别对杨西光同志，对杨有气。在小组里提到科技组时，杨西光不要说科技组，并说“不要打横炮”，后来杨西光没参加，大家矛头对着杨西光了。

原市革委会老〈付〉副主任陷得不深，所以有二个人，一是王一平，一是杨西光。群众看法，王一平是受打击，杨西光还是紧跟的，积极印黑材料的。我是与杨西光去年 10 月调到科技组，批邓中杨西光态度积极、明〈郎〉朗，印材料都是亲自布置。杨要我印一份材料，杨说快印，问从〈那〉哪里来的，就说从清华来的。

我感觉杨西光是带着个人目的参加这次运动。举一例，如揭发批判问题，我是 10 月 13 日晚上到总工会去证实吹风问题，杨西〈昭〉光说(去机关大会上)，我们四人对“四人帮”斗争[是]坚决的。我向群众检查，杨西光说，他(蔡)立场根本没转过来。

冯国柱问蔡：听说杨西光和秘书组女同志不正常。杨西光要我揭发。意见是杨是受迫害的，受监视的。

区县局会领导小组定小蔡参加，杨西光说，我给你送去，不用征求杨序昭和许言同志。后来又说工作组定的。

我们的发言，不按他的意图，他不让你发言。

这个问题不解决，对科技有影响。

最好派工作组，加强领导，最低是我们开会，工作组讲讲话。或者我们的开会报工作组。这样下去不利于运动。

杨西光说，让他们乱一下吧！没什么大不了的。

我们三个人同意的，他可以推翻。

杨序昭：我们自己问题，交待、揭发，但希望派工作组。我们开支委会，后来两个人改了,就说违反组织原则。有时说:大事告我,小事不要告我。有时说:天天打电话告我。

杨西光到现在没作过一句自我批评。当面不敢给他提意见。

我们三人要问工作组,杨不同意。

反映情况:

徐秀伦(冶金局常委)。

杨根寿(冶金局供应组〈付〉副组长)。

冶金部11月调炼铁23万吨,15日止到货6.1万吨,26.5%;上钢一厂铁水2.5万吨;找米下锅3万吨;共28.5万吨。

厂内库存铁4 500吨,局内库存铁10 000吨。日消耗铁9 000—10 000吨,日到生铁4 000—5 000吨。

1976年11月18日

上午,陈任之、虞云琴(生产组管电),研究电问题。

陈任之:

明天开始三天办法,冶金停7.5万kW(电炉未开),机电一局停9万kW(即开一半),化工局停6万kW,轻纺手三局全开。

1. 专题,把三天电分配情况列表说明。

2. 生产日报上要有上一天情况。

3. 三省一市节约用电,上海有什么典型。

下午,上海区县局党员干部大会批"四人〈邦〉帮"、马、徐、王。

1. 民兵指挥部:揭露马、徐、王在上海搞武装暴乱。

2. 财贸局:揭露马、徐、王在上海搞武装暴乱。动用地方警备,为反革命武装叛乱制造大量武器。

3. 市委组织组:揭发组织反革命内阁的罪行。

(1) 利用十大安插亲信。十大召开前王、张打着中央旗号,要上海准备150个干部、心腹,王日初安插在组织大权。十大召开前马、徐、王去北京送给"四人帮",因小兄弟少,大为不满。要把黄涛塞进中央委员会,周总理坚决反对。张春桥说:“我不愿多抽上海人来中央,现在有需要。”(马:我知道让调部长、〈付〉副部长 30 人)“四人帮”说要培养工人大使。

(2) 培植心腹,密选部长。王秀珍传达王洪文黑指示,上海要准备 20 名部长、〈付〉副部长,当前最急的是干部问题,这个问题不抓好是罪过,是方向路线错误。

(3) 排定名单,加紧组阁。马天水批,到计委去一二个人,不一定起作用。

4. 翁俨偌。

5. 市总工会常委××:揭发“四人帮”、马、徐、王篡党夺权的罪行。利用批林批孔,打倒一大批中央、部的同志。

6. 外办〈付〉副主任××:揭发“四人帮”妄图篡夺我国外交大权和里通外国的严重[大][权][罪][行]。张春桥诬蔑出席联合国大会的人都是〈带〉戴眼镜的,没有工人大使,1972 年初挑 100 多人,其中 80 人送复旦培训,其余在各部门培训,他们不向中央、总理报告。“四人帮”要整王海容,毛主席说借刀杀人。(马天水:江青恨王海容、唐〈文〉闻生,我支持反对唐、王的人。)

1976 年 11 月 19 日

上午,工交各局生产负责人会议。

纺织局:马永丰、王家明。仪表局:谷治能、范俊应。冶金局:杨镖钧。轻工局:吴加林、胡庆祥。手工业局:吴强、姜永英。化工局:叶克生、刘■荣。机电局:祁如俊、田玉富。

唐光煊同志传达乎加同志在计划座谈会上讲话。

乎加:明年华东电网用煤虽然不是今年 88 万吨,实际到货 63 万吨,也要多。明年水也有希望。华东本身保上海用煤减少各省自己用煤。总的形势会逐步好转。

电网周波保 47.5,计划 400 万 kW,分配 380 万 kW。

华主席最近指示,财政部汇报时指示,轻工市场纺织产品要保,元旦、春节人民生活安排好一些。乎加同志说:按农、轻、重秩序安排。明年安排把煤电安排上去。明年生产严格按农、轻、重方针,重工业要让让路,基建给煤、电让路,生产向农、轻让路。形势越来越好,困难暂时的。渡过这个困难会越来越好。讲大局、风格,相互支援,安〈灰〉徽为了保华东电网停一大片。讲团结,那里有困难支援那里。从长远[看],华东主要解决煤、电问题,资源就在华东(安

〈灰〉徽、江苏、山东……)。

上海支援两淮,相互支援。

总结一下计划用电,乱用电就乱拉,用电的安排报一下管电部门。各省市召开一个计划用电、节约用电、巧安排经验交流会。

研究明年计划时,根据煤电安排。明年大数字摆在那里了,所以明年只有从节约求增产,从节约求速度。

华东电网 380 万 kW,分配上海 152 万 kW。

根据对支农、轻工,市场作充分安排。

机电一局:6 天工作 5 天做,60 万 kW 是 7 个工业局以外的。

用电办公室:轻、纺、手执行“六五”方案,其他局“六四”方案。

唐光煊:① 按此方案执行。市场商品多保证用电。② 电老虎和大容量用电设备,电炉、电石炉、半连轧(电炉执行一周,到 25 日),22 日开始执行。今早 165 万 kW,周波 45.6。③ 节约用电抓典型,开交流会。要讲大局,保市场。上海共 180 万 kW,工业用 120 万 kW,农村 20 万 kW,电业部门 40 万 kW,照明 15 万 kW。

我提三点:讲大局,保市场;抓落实;抓典型,计划用电,节约用电。

下午,上海区县局党员干部会议批“四人帮”、马、徐、王。

1. 警备区:① “四人帮”把黑手伸到好八连,要把毛主席树立的好八连旗子拔掉,张秋桥(张春桥弟)窜到好八连。另树三连。制造资产阶级就在军队,妄图把军队搞乱。马、徐、王鼓动八连告警备区领导状。

② 制造上海民兵与警备区对立,二部合并就是吃掉人武部。马、徐、王破坏军队一元化领导。

③ 大搞阴谋〈鬼〉诡计,倒打一耙,批邓会上不让我们参加,对外说军队不批邓。

④ 炮制军队走资派理论,妄图毁我长城,说军队是保皇派。

2. 出版社党委〈付〉副书记××:发起批宰相,矛头对准周总理,姚文元批吕不〈违〉韦,写吕氏春秋。江青说:好就好在批吕不韦,因吕是宰相。批孔丘就是批宰相。马天水大反经验主义。周总理逝世后,下令报刊不许刊登悼念周总理,有一次刊登周总理到少年宫,被砍掉了。今年 5 月 20 日徐景贤说批邓还要揪挂帅人物。今年四期《学习与批判》登华国锋任代总理,同期登蒋介石上台、袁世凯上台、右派上台。王洪文秘书肖木吹捧张春桥说限制资产阶级法权是填补了马列主义宝库,说第一次丰富了列宁主义思想。今年6月12日张春桥说,谈社会阶级分析,是无〈了〉聊了。”

3. 复旦大学党委书记:去年10月马、徐、王收集材料,国家建委带来一份中央领导同志讲话,立即翻印。大量印发黑材料。今年3月徐景贤到复旦大学说,江渭〈青〉清的材料已经发到群众了。马天水到复旦搞大串连,马天水说这不叫大串连,叫交流经验。徐景贤要杨振宁到复旦大学去看大字报。

4. 解放日报王景:愤怒声讨“四人帮”利用新闻大搞篡党夺权。

① 利用手中新闻工具,向党进攻。攻击风庆轮,张春桥说:风庆轮能回来就是胜利。马、徐、王攻击周总理。徐景贤在内部简报上删去:“周总理始终站在毛主席一边……”。

买船从国外买来后说是盲肠炎、近视眼……洋奴哲学,矛头对准中央领导同志。

② 吹捧“按既定方针办”。

5. 电影局:“四人帮”利用《欢腾的小联合》、《盛大的节日》,看“四人帮”,利用手中工具,为篡党夺权大造舆论。《欢腾的小联河》是南京一作者写的,徐景贤修改五次,剧本不让演员看,因为有南京的演员。

6. 科技组许言:①“四人帮”破坏基础理论研究。② 大肆破坏国家科研项目,一个海军项目,毛主席七次批示,周总理十一次批示,“四人帮”百般阻挠。王洪文说:吃上海的饭就要为上海办事。③“四人帮”破坏科技工作,破坏和外省关系。④“四人帮”是盗窃帮。

7. 农林局:揭批“四人帮”破坏农业学大寨的罪行。① 独树一帜破坏农业学大寨。马天水叫嚷,要把上海变为农业学上海,为“四人帮”篡党夺权的政治资本(马:这是非常错误的)。② 篡改大寨根本经验。马天水说,阶级斗争抓好了,就是颗粒不收也不要紧。(马天水:……)去年农业学大寨,华主席说:农业学大寨县委是关键。王少庸说:还有省委,中央呢?

“豺狼当道,安问狐狸。”

“说农村社会主义高潮,毛主席写得晚了,我们要写在高潮之前”。

上海马、徐、王在四届人大召开前夕，向“四人帮”提供安排到国务院各部委里爪牙：

国务院〈付〉副总理：马天水、王秀珍。

国家计委主任：黄涛。

外交部长：冯国柱。

公安部长：祝家耀。

外贸部长：黄金海。

冶金部长：陈阿大。

轻工部长：马振龙。

铁道部〈付〉副部长：金传德。

交通部〈付〉副部长：蔡道明。

纺织部长：唐文兰。

商业部长：陈佩珍。

三机部长：俞东来。

六机部长：张国权。

教育部〈付〉副部长：周宏宝。

卫生部〈付〉副部长：王桂珍。

全国总工会主任：金祖敏(又任组织部长)。

全国妇联主任：汪湘君。

组织部：王桂〈洪〉珍。

分工

彭德清：交通、铁路、港务、海运局。

阎济民：一机、二机、仪表、基地。

李锡铭：电力。

罗淑珍：邮电。

李景昭：基建、建工、城建、公用事业局、后方基地、梅山工程、设计党委、张家浜、大屯、新桥矿。

徐良图：机关、综合。

谢洪生：轻工、纺织、手工。

贾洪：冶金局。

周力：物资局。

李峰：化工局。

耿飚 10 月 30 日在文化部讲话精神

1. 按既定方针办，不用了。

2. 三本书前言矛头是指向先念和谷牧及党中央其他领导同志的，以后不用了。

3. 坚持数年必有好处，不用了。

4. “刻苦攻读”是江青提出的，不用了。

5. 为李进同志摄〈卢〉庐山仙人洞照片及诗，不用了。

6. 毛泽东思想是马列主义百科全书，是姚文元提出的，不用了。

7. 学习鲁迅，学习 10 月 19 日社论，不按文化部过去的两条指示。

8. 批邓扩大化，这是针对党中央，要以中央[文件] 4 号、5 号文件精神办。

9. 当时提三项原则不要和批邓搞在一起（邓是不搞阴谋的）。

10. “社来社去……和什么三项指示……对着干”形而上学，不用了。

11. 邓小平是党内最大走资派，不提了。

12. 批邓提反革命修正主义路线，反革命是姚文元加的，不提反革命（批邓反击右倾翻案风）。

13. 六厂二校经验还要介绍，但以新华社发的稿子为准来报导。

14. 不单独提辽宁省。

15. 革命样板戏，这个词不用了。

16.《红灯记》浩亮、《杜鹃山》杨春霞、《红色娘子军》刘庆棠、《黄河》殷〈诚〉承〈忠〉宗，不用了。

17. 电影可用《海霞》、《创业》。《沸腾的群山》是毛远新搞的，不用了。

18.《春苗》政策界线不清楚，缺乏党的领导，不用了。《南海风云》，不用了。

出差上海(三)

1976 年 11 月 20 日

下午，上海区县局党员干部会议批“四人帮”、马、徐、王大会。

1. 韦明：揭批“四人帮”、马、徐、王破坏经济建设罪行。“四人帮”、马、徐、王、黄乱搞基本建设。

2. 财贸组：揭批外贸工作的反革命修正主义路线罪行。马天水说：“人皮也出口。”（马：我讲过）真是最大的诬蔑。今年进口资本主义国家电影片 500 部，其中香港片 250 部。王洪文汽车喇叭坏了，从西德进口一个，还说西德的喇叭听起来舒服。

3. 市法院负责人：揭发“四人帮”、马、徐、王利用法院搞篡党夺权。利用揭发中央黑材料，打倒一大批中央领导同志。1973 年 1 月“四人帮”强令法院以所谓制造谣言，把刘××抓起来（徐景贤：1973 年 3 月打电话问刘××，要开十大，阴谋不能得逞，放了，把档案送到北京）。整最高法院院长江华同志黑材料，徐景贤说，辽宁毛远新早已整理，上海为什么这么晚。1974 年春，张春桥妹因医疗事故而死亡，说他妹是在路线斗争中死的，马、徐、王说是政治陷害，资产阶级专了无产阶级政，要判医生十年徒刑。（王秀珍：张、王来电话，我就陷害这个医生，我有罪行。）马天水说：法院社会主义因素不多。（马：我说这话是错误的。）马、徐、王、王少庸必须彻底交待，紧跟马、徐、王罪行。

公安局：张春桥说流〈亡〉氓阿飞捅刀子是勇敢行为。

总工会：“四人帮”以市总工会作为篡党基地，① 破坏党的一元化领导。“四人帮”、马、徐、王把工会放在党组织之上。② 大搞宗派活动，阴谋篡党夺权。③ 包庇坏人。

招待处：搞资产阶级法权。① 生活奢侈。去年王洪文来上海二个月用 2.36 万元。市场上没有天鹅、鸽子，到处采购。钓鱼、打扑克。说社会调查，实际去大吃大喝，群众说摆鸡宴。一天夜三时要吃甲鱼，上海做好送北京去。（马：去年夏天前一季 500 元。张敬标：二年半中 7 500 多元。马：王洪文和办公室要，限制不住。）江青几次说来上海，要吃 25 天小鸡，吃会跳的虾，菜筋抽掉，300 人给捉麻雀，要吃进口[燕]窝，〈浆〉酱油也要进口，大便草纸也要烫过，马〈筒〉桶盖用丝绒铺好。养猴子，给猴子洗澡。江青 1969 年说自己是个普通共产党员、小学生。1960 年张、姚长期占用一处别墅，是在上海[的]黑据点。今年张春桥要徐景贤选个秘书，都是男的，张说我要找个伴，于是徐给找了二个女的。材料是 10 月 6 日送去的，“四人帮”被抓。徐景贤进口菜 19 种花 9 600 多元。徐景贤假牙用黄金，要医院打报告进口。王秀珍经常进进出出饭店，吃饭不给钱，共吃补助 2 497 元，吃了还往家带。王秀珍织毛衣要毛纺厂现织，只付五元。② “四人帮”腐朽透顶，精神空虚。王洪[文]每天下午睡到二点，打弹子，玩扑克，玩腻了就去钓鱼，工作人员倒茶，送毛巾，擦汗。警卫处长捡兔子。江青生活方式，在上海从未读书，不看报，玩花，玩金鱼。江青学开汽车，看摩托表演。江青要骑马，张春桥选马。江青怕风，怕太阳，怕声音，工作人员走路裤子磨擦声、吃饭声都怕。群众说江青平时像条虫，跳起舞来像条龙。看 215 部黄色电影。③ “四人帮”对人民群众是老爷态度。江青[张][春][桥]在院子散步遇到江青，行个礼，江青告诉张春桥，敬礼会打搅思考问题。

市委办公室：揭批“四人帮”和马、徐、王分裂党、分裂军队的罪行。① “四人帮”要打倒一大批中央领导同志，1975 年王洪文被毛主席批评后，回上海反动气焰十分嚣张，指使马、徐、王、黄到处整中央领导同志黑材料，送去 19 份。借批邓为名打倒一大批中央领导同志。马天水有些材料不让送周〈春〉纯〈林〉麟同志(马：我有罪，这是违反组织原则的)。散发中央领导的黑材料。② “四人帮”大搞乱军分裂活动。马、徐、王给南京军区送大字报，马还审查大字报内容。军区领导到延安饭店都有人跟〈遂〉随。他们把周〈春〉纯麟同志的秘书拉过去了，来控制周〈春〉纯麟。(马：我作过，这是卑[鄙]手段。)问马天水你是个老干部，为什么紧跟“四人帮”？你对他们不了解吗？(马：出卖了原则，出卖了灵魂。)马天水要[是]假交待，回去准备大干。(马：当时把四个人抓起来我想不通，我不表态。)(徐：我到北京后，听马天水秘书讲：二种做法，一种准备大干，一种准备小干，准备大干就损失太大。马：我是讲过这话。)马天水对王洪文说：你到中央后进步很大，王洪文对马天水说：像你这样的老干部是很少有的。

周〈春〉纯麟：很多人要发言，明天下午二时开大会，由马、徐、王补充交待。

1976 年 11 月 21 日

下午，上海区县局党员干部大会。

马天水、徐景贤、王秀珍三同志作补充揭发交待。

马天水：我的罪行越想越大。

一、我为什么紧跟“四人帮”

1. 我早解放，对张春桥感恩戴德。

2. 我信张春桥说他没入过狱。

3. 我靠王洪文小帮派包庇。

4. “四人帮”内部矛盾，我搞调〈合〉和折中。我投靠“四人帮”，把“四人帮”当中央，“四人帮”对我也很信任。1972 年周总理说要调王洪文到中央，上海由马天水主持工作。张春桥实际是路线出错，叫我抓大事。

二、周总理召开了各省市第一书记会议，要当党中央第一〈付〉副主席，我吹捧王，十大散会后，江青握手紧，去年江青送我地图，文官果……当时“四人帮”已经勾结了。王洪文当选〈付〉副主席，我在京西宾馆请他们吃饭，我找到了靠山，说话声音也粗了。王洪文几次讲说周〈春〉纯麟不可靠。

三、反对周总理。“四人帮”反对周总理，我们作了帮凶。

四、批〈对〉判反击右倾翻案风，整中央领导同志。张春桥给我密信，要我不要急……给计委一负责同志发火，我说：现在不是我讲话时候，若有机会我讲话时我再讲。我收集各部委的材料。总理 1 月 8 日逝世时，我们还搞阴谋。公布华国锋同志当总理，我认为合适，因为是中间派。

五、张春桥 2 月 23 日窜到上海小组，说邓小平一批人是〈拢〉垄断资产阶级，比蒋介石还厉害。2 月 22 日毛远新窜到上海小组，是买办资产阶级，还有一位部长也说，我还煽动那位部长带头揭。姚文元说宣传长征是有他们目的，宣传老干部的。我反动，认为在中央、国务院、各部、各地有右的势力，我说邓小平复辟势力在上层有很大力量。

迟群、谢静〈一〉宜讲中央领导同志坏话，非常错误。

六、插手外地运动是非常错误的。江青大骂王海容，我是心领神会。主席接见外宾，王海容不在场，我们心领神会，我们也想借刀杀人。

七、积极搞民兵建设，加强上海民兵是“四人帮”和我的一贯思想。地方生产武器自留地。我们议论过主席逝世后，会不会打内战，主席逝世后，议论的更多了。给民兵发枪本身就是大阴谋。

八、我对小兄弟很好，许愿为什么？我作了“四人帮”在上海代言人，出卖灵魂。保乌纱帽，有私心。张春桥、王洪文说：你管国家经济最合适，我有这个野心。

九、张春桥说：只要抓阶级斗争，〈棵〉颗粒不收也好。靠外省靠不住。“四人帮”一句话就是计划。

十、学大庆，一说搞责任制，我就说管卡压。

十一、我对今年打招呼会议，持反对态度，10 月 7 日去的，我认为打了闷棍。华国锋同志传达“四人帮”问题后，全国都高兴，只[有]我不通，我回去怎么表态？我假表态，回上海后，不大吵大闹，也不小吵小闹，我最好到新疆、西藏。我说过合法斗争。第一天(7 日)思想反动，8 日思想斗争一天，晚上大家都大骂“四人帮”，只有我不表态。

回来传达的经过。

现在我是一错再错。

我的罪行是和“四人帮”一起反对毛主席、华主席，反对党中央。[希][望]将功折罪。

徐景贤补充交待“四人帮”罪行和自己严重罪行。

“四人帮”罪行滔天，自己罪行累累，我向同志们、全市人民低头认罪。

一、“四人帮”篡位夺权，他们极端仇视人民解放军。1975 年王洪文来上海说，军队不可靠，政治谣言都是从军委扩大会议上来的。1975 年 8 月 1 日，上海新华分社报导王洪文是〈付〉副主席，可是他又填上军委〈付〉副主席，虽更正了，也报导了。张春桥是摇鹅毛扇的，张春桥说我们有处理林彪的经验，要处理军队干部。1975 年 5 月王洪文秘书肖木来上海，说天安门事件，军队枪杆子倒过来怎么办?

江青 4 月 21 日晚说部队搞成这个样子怎么行，部队文化领导权落在未改造好的知识分子手中。

姚文元一贯乱军，1967 年要冲军队，1967 年 12 月又冲某省军队。支一派打一派，1967 年下半年，王、关、戚被打倒了，张、姚在江青包庇下滑过来了。

王洪文插手民航、空军。

今年 6 月王、张到总政开会，张说总政不可靠，不能用。

交待几个问题：

1. 十届二中全会,当面批周〈春〉纯麟。

2. 批邓打招呼会议时,张春桥说部队稳定不是不搞批判。搞批判,批论点。

3. 反对宣传长征。我认为邓小平用长征压"四人帮"。我反对长征组歌在上海演。今年2月2日姚文元说,宣传长征是有他们目的的。

4. 我反军乱军第四点,1968、1969年张春桥〈受〉授意整叶剑英同志黑材料,整陈毅同志黑材料。"四人帮"上台就是法西斯上台。我们策划的武装暴乱,彻底粉碎。

二、"四人帮"和我反对毛主席的罪行。

我在上海封锁毛主席[关][于]《创业》的批示。"四人帮"[封]〈刹〉杀《海霞》。我和姚文元勾结迫害同志。我说,圈阅不等于同意,这是对"四人帮"有利的就执行,明目张胆反毛主席。

三、"四人帮"和我反对周总理罪行。

1975年12月王洪文打电话给打气。王洪文亲自插手民航,以批邓为名,打倒一大批中央领导同志。

我亲手砍掉了悼念周总理时在舞蹈学校的情形,我的思想何等反动。

1975年3月5日,删掉了周总理的对雷锋同志〈提〉题词。

我反总理事实还很多。

我和张春桥、姚文元的[关][系]是千丝万缕,我把张春桥看[成]是救命恩人。我对先念同志犯了罪。

我死保张春桥,报〈达〉答他。

我认为张春桥、王洪文到中央是江青提名,所以我也支持江青。

张春桥写信要我找对象,3月写信,9月批语。今年3月份,正是张春桥写了有感,想要找老婆是蓄谋〈以〉已久。张找到马、徐、王说要找秘书,我就找了两个秘书。后来又写了给我亲笔信。……我要的不是一般的秘书,而是要找个伴。我这个人有可能早晚什么时候要被杀头的。第一页可以给别人看,第二页看后再烧。第一页我给朱永〈家〉嘉看。但找什么样条件等当面再说。9月21日我到北京,张春桥单独接见我。我说:邓颖超同志来上海看望新老干部,就是没看文静。10月1日张春桥来信,要两个同志的材料,6日送去了。

1976 年 11 月 22 日

上午，区县局会议召开大会，传达宣传工作会议。

倪志福：今天上午传达一个文件，中央召开一个宣传工作会议，由车文仪同志传达。

车文仪：11 月 15—19 日上午中央宣传口召开全国宣传工作座谈会，到会省市区分管宣传书记、负责人、各大军区两大军种宣传部长、中央有关部门参加，共 133 人。

会上传达学习研究具体落实中央宣传口关于当前宣传要点请示报告。

耿飚同志报告，汪东兴同志讲了重要报告。

关于当前宣传要点已经中央批准，请示报告全文如下：

华主席、党中央：

我们最近召开宣传口负责同志开会，讨论了当前宣传问题，国务院和总政和分管负责同志也参加了会议，大家认为在华主席为首的[党][中][央]领导下，我们取得了粉碎王、张、江、姚的伟大胜利。当前任务是巩固和发展这一胜利，宣传工作要为党的这一伟大任务服务。目前，宣传工作中心是：坚决拥护华国锋主席为全国各族人民的领袖，坚决拥护以华国锋主席为首的党中央，最紧……坚决彻底……继承毛主席的遗志。

宣传要点如下：

1. 继续大力……热烈庆祝[粉][碎]反党“四人帮”的伟大胜利，突出宣传华主席是毛主席生前选定的接班人，是我党当之〈不〉无愧的领袖，大力宣传华主席在我国紧要关头，粉碎了“四人帮”，挽救了党挽救了革命的伟大功绩；认真学习 16 号文件、吴德同志讲话、二报一刊社论，宣传这一斗争对中国和世界革命[的]现实意义和历史意义。

2. 大力宣传三要三不要基本原则，抓住“四人帮”反革命修正主义路线的极右实质，抓住披马列外衣搞阴谋诡计。放手发动群众，集中力量从政治上、思想上揭发“四人帮”的滔天罪行。

要揭发反对和迫害毛主席，篡改毛主席指示。揭发和批判把自己凌驾于党中央之上，大搞分裂党的宗派活动，阴谋篡夺党的最高领导权，复辟资本主义。

揭发和批判在国际国内一系列问题上破坏毛主席一系列无产阶级政策，

反对破坏文化大革命和社会主义新生事物,采取各种手法推行反革命修正主义路线。

揭发和批判他们严重破坏党的民主集中〈集〉制和党的优良作风。

批判他们破坏抓革命、促生产、促工作、促战备。

批判他们破坏军[队]建设和民兵建议,妄图毁我长城。

批判他们崇洋[媚]外,里通外国,大搞投降主义和卖国主义。

揭批他们唯心主义形而上学,在哲学、政治经济学、科学社会主义三个方面全面背叛马列主义毛泽东思想。

彻底揭露批判资产[阶][级]野[心][家]、阴[谋]家、极右派反革命面目。

3. 大力宣传在华主席党中央领导下继承毛主席遗志,坚持以阶级主义斗争为纲,学习马列主义毛主席著作,特别学习无产阶级专政学说,反修防修,热情支持新生事物,限制资[产][阶][级]法权。坚持老中青三结合原则,发展壮大〈付〉符合无产阶级接班人的五项原则,按毛主席指示继续批邓反击右倾翻案风,继续支持教育革命、文[化][革][命]、科技战线革命和知识青年上山下乡。坚持独立自主,自力更生,艰苦奋斗,勤俭建国,把我国建成一个强大的国家。

4. 宣传全党、全军、全国各族人民决心最紧密团结在华主席为首的党中央周围,维护民主集中制,一切行动听党中央的指挥。

宣传在工人阶级 工人阶级 内部没有根本的利害冲突,存大同存小异,宣传两类不同性质的矛盾。宣传对犯错误的同志,包括犯严重错误的人,坚持毛主席的方针,扩大教育面,缩小打击面。

5. 大力宣传抓革命、促[生][产]、促[工][作]、促[战][备],工业学大庆,农业学大寨,宣传粉碎“四人帮”胜利,大大激发了革命积极性和创造性。全国人民精神振奋,干劲倍增,要把“四人帮”干扰破坏夺回来。宣传提高警惕,随时准备歼灭入侵之敌,解放台湾。

6. 大力宣传坚持无产阶级国际主义,团结第三世界,争取第二世界,反对苏美两霸,特别要揭露和打击苏修。

7. 以上要点,要通过多种宣传武器,包〈口〉括报纸、广播、电视、刊物、文艺作品、电影、戏剧、曲艺、美术、音乐、舞蹈等进行广泛宣传。形式要多种多样,内容要鲜明、生动、准确。

东兴同志：上海彭[冲]……给我们送了漫画，好得很，上海真有才。

15 日下午耿飚同志讲话：

最近中央成立一个宣传口，叫中央宣传口，只有正式成员：耿飚、朱〈木〉穆之、李鑫三个人，宣传口要陆续扩大一点。

耿飚同志讲话：

现在全党全军全国各族人民欢庆华国锋同志任党的主席，庆祝粉碎“四人帮”伟大胜利，一个揭批“四人帮”反党集团的群众运动正在全国展开。过去“四人帮”一手把持了宣传工作的领导权，为他们篡党夺权大造反革命舆论，现在宣传工作的领导权已重新为党所掌握。中央宣传口要在华国锋为首的领导下，与同志们一起把全国宣传工作抓起来。当前，要按照中央批准的宣传要点，发动群众集中力量揭批“四人帮”，有准备、有把握的在思想政治战线上打几个大胜仗。遵照华主席、党中央指示，宣传口召集了这次会议，向同志们宣读宣传要点请示报告，并发给你们 34 件供批判“四人帮”[的]批判材料，掀起群众运动。

宣传要点主要问题是三个：

一个是突出宣传华主席；第二点大力宣传粉碎“四人帮”的伟大意义；第三点揭发批判“四人帮”。

对当前宣传请注意下面几个问题：

（一）要宣传对“四人帮”反党集团不能手软，我们同“四人帮”斗争是两个阶级、两条道路、两条路线斗争。“四人帮”是彻头彻尾的洋奴，是地地道道的党内资产阶级的典型代表，是不肯改悔的正在走的走资派，是一伙反革命修正主义分子，是敌我矛盾问题，是你死我活的一场阶级斗争。“四人帮”是我们党的大敌，是工人阶级大敌，是全国人民大敌，是中华民族大敌，要坚决地打倒。毛主席的诗词里说过这样话，“金猴奋起千钧棒，玉宇澄清万里埃”，“〈一〉宜〈江〉将〈奋〉剩[勇][追][穷][寇]，不可沽名学霸王”。

（二）要宣传对“四人帮”斗争要加强党一元化领导下，放手发动群众。广大群众对“四人帮”早就看在眼里，恨在心头，除四害[是]亿万人民的心愿。只要想起群众，依靠群众，打一场揭发“四人帮”的罪行[的][群][众][运][动]，就能批狠批臭，扫除一切害人虫。

(三) 要掀起一个学习马列著作和毛主席著作新高潮。

“四人帮”和修正主义老祖宗伯恩斯坦、考茨基和赫鲁晓夫、勃列日涅夫等一样,千方百计篡改马列主义,“四人帮”全面篡改马列主义毛泽东思想。只有认真学习马列主义和毛主席著作,特别学习无产阶级专政理论,掌握马克思主义这个科学武器,才能深刻批判“四人帮”罪行,更彻底的揭穿他们的极右实质。

(四) 揭露“四人帮”这是一个伟大胜利,但需要进一步在政治上、思想上剥掉画皮,把他们一切谬论收集[一]起来,一个一个的,一句一句批。把他们批深批透,批倒批臭。“四人帮”的历史是极为可疑的,他们紧抱在一起,整天搞阴谋诡计,今天算计这个,明天算计那个,他们破坏党,破坏军队,破坏农业,破坏工业。总之,破坏毛主席,是打倒一切,破坏一切。中央正在对他们的历史进行审查,希望大家把一切能找到的线索通通找到,收集起来,报告中央。绝不让他们漏网。

(五) 要宣传以华主席为首的党中央继承毛主席的遗志,坚持毛主席的革命路线,巩固无产阶级文化大革命的胜利成果,壮大社会主义的新生事物。要揭发批判“四人帮”干扰破坏文化大革命罪行。毛主席讲文化大革命七分成绩和三分错误,七分成绩是毛主席领导下取得的,三分错误完全是“四人帮”破坏造成的。

(六) 要揭发批判“四人帮”破坏我党优良传统罪行。

“四人帮”搞分裂,搞阴谋诡计,捏造罪行,陷害好人,他们认为捏造的东西只要重复千遍万遍就可以变成真理。我们一定要彻底清算他们的罪行,把毛主席培育的讲求党性、实事求是、发扬民主、严守纪律、联系群众、艰苦奋斗等优良传统发扬光大。形成一个又有集中,又有民主,又有纪律,又有自由,又有统一意志,又有个人心情舒畅,生动活泼那样的政治局面。

(七) 大力宣传抓[革][命]、促[生][产]、促[工][作]、促[战][备]。

在宣传上首先要把抓革命讲够,宣传粉碎“四人帮”伟大胜利,大大激发了广大干部和群众的社会主义积极性和创造性,各条战线纷纷表示要把“四人帮”干扰破坏所耽误的时[间]夺回来,把“四人帮”破坏所造成的损失补上去,进一步发展大好形势。

(八)这个宣传要点,不能登报,不能落到敌人手里去,不要传抄。

耿飚同志讲话,传到县团。

最后我再说一点，凡“四人帮”表扬过的单位和个人，不要轻易点名；对“四人帮”有牵连的人，一般不要点名。牵涉到两派的，还要讲求团结，这有助于消除派性。

再一个是我们报纸、广播都要办得活泼一点，各个报纸要有各自的特点，不要像“四人帮”那样，千〈遍〉篇一律，群众不爱看。

另一[个]是，未发表过的毛主席语录，未经中央宣传口研究和同意的，不要轻易发表。

这次发的 34 个材料，各单位不够用，可以翻印。

刚才讲到宣传要点不要落在敌人手里，不要传抄，现听说外面传东西很多，大家听到一点赶快抄，甚至半夜不睡觉抄，甚至打电话来问。要注意传抄的东西里边有真的，如华主席对“四人帮”如何提法，我们要想的宽一些，要有计划批，这是真的。但对第一次宣传口会议，[不][要]到处传，到处抄。如我说洪湖赤卫队片子能否演，请文化部同志看一下，请示中央，能否演出。

创业、海霞、园丁之歌、车轮滚滚四部片子可以演。红灯记、红色娘子军（舞剧），不许演。

希同志们传达时，不要乱说，会被利用，搞不好会出乱子。

倪志福：

1. 宣传要点传[达]到县团级。

2. 耿飚同志讲话也传达到县团级。

3. 上海市委要召开宣传会议，日期、人员另行通知。

宣传文化部门扩大到党员干部。

区县局、报社、广播电台、电视、新华分社、写作组、文化局等单位做好准备，开宣传工作会议，贯彻中央宣传会议。

下午，大会，王秀珍同志揭发交待。

我几年来积极跟随“四人帮”犯了罪行。

第一，与“四人帮”密切关系。1968 年我在北京，张春桥在天安门城楼要见江青。1970 年参加九届二中全会，住在〈卢〉庐山，江青吹〈虚〉嘘自己在上海搞地下斗争。要烟厂树江青，也树自己。1971 年参加中央工作会议，江青说我住的地方鬼都不登门，我去了，她拿出许多照片，又照〈像〉相又看美国宫廷政变电影。1972 年参加批林批孔会议,我吹江青[是]反陈伯达、林彪的。1972 年十大我也散布过。四届人大时,江青说要到■作风庆轮来,矛头对准周总理。今年 2 月到北京参加打招呼会,她说"你这个人是大〈例〉咧〈例〉咧,像我这个人在政治问题[上]整几次就好了"。临走时送两本地图,送文官果,说全国要有油吃。

我同王洪文关系密切,1966 年 11 月工总司前就认识,调到工总司,1967 年 4 月把我送到北京见了毛主席,1968 年说毛主席找他谈过话。自己当了中央委员,市委书记都是王洪文的提拔。我说要为工总司总司令争气。为王洪文的上棉十七厂留着办公室,树碑立传。1972 年王洪文到中央工作说有事可以[找]老头头。王洪文和徐景贤有矛盾。王洪文表扬黄金海、陈阿大、马振龙。1974 年 7 月,住在王洪文处四天。王洪文是吸工人血的工人贵族,我们跟着吸工人血。

王洪文和张春桥狗咬狗斗争,也说明我和马天水的灵魂。

今年 1 月周[总]理逝世,我要到北京,王洪文说,你们不要来了,要批邓。

王洪文说上海民兵[是]有战斗力的,要他作好〈布〉部署。"四人帮"反动暴乱早有〈予〉预谋,我积极参加了。我犯了难以饶〈诉〉恕的反革命罪行。

我把自己的前途和"四人帮"连起来,成了……

第二,结党营私,搞了小兄弟。

小兄弟有陈阿大、黄金海、马振龙、叶昌明、戴立清,头子就是王洪文。黄金海是一个流氓阿飞。检举黄金海的人,马天水又转给黄金海了。有一次黄涛说限制黄金海法权,王洪文说限制资产阶级法权怎么限制市委了。戴立清在专案组和我打的火热,搞的很坏。王洪文说要帮,我都照办。

陈阿大是个不读书,不学无术[的]流氓,陈到工交组、市委。

马振龙是王洪文心腹、保镖。

王洪文通过我和叶昌明把持总工会。

反军乱军问题专门交待揭发。

说中央三位上海领导同志,要为他们争气,给小兄弟面前说。

周总理逝世,我和马、徐都说哭有各种哭……罪该万死。

天安门广场事件,我同祝家耀通电话,和小兄弟开两次会。

毛主席病重时,我找过小兄弟,我说中国可能出修正主义,可能要分裂。马、徐、王一同也[讨]论过。一直到反革命暴乱把小兄弟当成骨干力量。这些王洪文是大头目,我们是二头目。

第三,顺我者昌,逆我者亡的组织路线。

只要"四人帮"熟〈习〉悉的,不管是乌龟王八蛋都是要提拔。部长级 18 名,司局长级 12 名,后来又提出部长级 16 名[的]名单。办坏事是我,根子在"四人帮"。

1974 年 4 月底,把区局领导班子不忠于"四人帮"的大换班,王洪文黑指示,要分期分批的调。

九大前,要陈阿大和×××为九大代表,张春桥立即突击发展入党,小兄弟们都是急忙拉入党内。叶昌明就是马天水和我发展的,有一个时期一下子发展××万××千人。

1974 年陈丕显同志解放时,王洪文打着落实政策为幌子,又提出老头头名单,181 名[的]名单。工总司老造反奸污知识青年,判五年刑,我给放出来。还有一老造反有人命案,王洪文拉入党,区党委书记。……包庇坏人,是严重的,党纪国法所不容。

有一位×××,我对她有意见,一有时间就整她。还有一个人也是打击报复,我要请罪。

王洪文安插小兄弟,张春桥一会要老干部当,一会要新干部当。

张春桥 1972 年接见工代会代表,要下级党组织听总工会命令,破坏党的一元化领导,总工会向各区派干部。

"四人帮"在 1974 年批林批孔时登峰造极。

第四,紧跟"四人帮",破坏批林批孔。

1974 年 1 月 24 日,王洪文黑指示,北京开万人大会,军队开万人大会,总工会要开大会,你要讲话。

3 月 20 日我同马天水商量要去北京汇报,王、张同意,偷偷摸摸去的。波音 707 试航飞机,21 日到的,看一次打猎,看电影外,主要是谈:① 大肆攻击解放军,说军队运动盖子未揭开。② 要上海抓紧干部工作,培植亲信。上海工作抓两条,一抓阶级斗争,二抓培养干部。王洪文说林彪能培养周宇驰、于〈心〉新野,我们为什么不能培养呢?

金祖敏说谷〈付〉副总理胆子小,没有魄力。

今年 2 月张春桥早把名单搞好了,下手很快。

第五,交待我插手外交部罪行。王洪文说王海容称王称霸,还骂我(王洪文)是王八蛋。有机会就摸情况,破坏外交部,分裂。

王洪文说祝家耀很好,公安部情况都告诉王洪文。

第六,插手外地罪行。

1974 年 6 月偷摸到南江偷看大字报,今年 6、7 月间李庆林来上海讲福建省委情况。

去年 10 月父重病,我回辽阳……

这几天我立场有转变,以后陆续交待。现在请党和同志们看我的行动。

××:徐景贤里通外国为什么不交待?

××:马、徐、王二次交待,在电影[方][面]罪行很多,为什么不交待?

××:徐景贤要我们写省市中央的走资派?

苏振华同志:

同志们,市委召开的区县局党员干部会议,还有 23 万人拉线听了会议情况。这次会上学习了中央 16 号文件,揭发"四人帮"篡党夺权,教育、挽救马天水、徐景贤、王秀珍同志 干部 的会议。这次会议对发展大好形势有着重要意义。许多同志讲得好,越说越感到毛主席生前高瞻远瞩,亲自选定华国锋同志为接班人,打乱"四人帮"篡党夺权。越学越认识到华国锋同志英明伟大,解放军统帅,中国革命又有了领路人,无比自豪。越学越感到与"四人帮"斗争意义伟大,[增][强][了]和"四人帮"斗争[的]决心和〈决〉信心。

这次会议始终把斗争矛头对准"四人帮",愤怒声讨批判"四人帮"的滔天罪行。从揭发出大量事实[看],"四人帮"阴谋罪行是惊心动魄的,阴谋迫害毛主席,篡改毛主席指示,大搞唯心主义、形而上学,在哲学、政治经济学、社会科学进行破坏,丰富了毛泽东思想,叫嚣张春桥思想,背着毛主席、党中央,污蔑大量黑材料,[对][准]周总理和党中央负责同志。要江青〈党〉当主席,张春桥当总理的反革命舆论,妄图篡夺国家最高权力。帮会。破坏党的优良传统,法西斯专政,改变党的无产阶级性质。他们大搞反革命串连,插手许多省市,捣乱,破坏社会主义革命和社会主义建设。反对抓革命,促生产,促工作,促战备的伟大方针,反对鞍钢宪法,破坏工业学大庆、农业学大寨的群众运动,破坏国民经济,妄图颠覆无产阶级专政,复辟资本主义,崇洋媚外、里通外国,贩卖封资修黑货,破坏文艺革命、教育革命、卫生革命、科技战线的革命,扼杀社会主义新生事物，大搞复辟倒退。拼命扩大资[产][阶][级]法权，掠夺大量国家财富，荒淫无耻，吸工人群众的血，比资本家还厉害。反党乱军，破坏民兵建设，妄图毁我长城。自成系统，搞他们自己武装，特别行将灭亡时搞武装叛乱，用武力反对以华主席为首的党中央。这些触目惊心[的]事实，激起了全国人民的无比愤慨。上海一千万人民〈身〉深受其害，[痛][恨]“四人帮”，更加热爱挽救革命的党中央。

会议对犯了错误的同志始终坚持了毛主席惩前毖后治病救人方针。马、徐、王同志紧跟“四人帮”，干了很多坏事，陷得很深的。但是华主席为首党中央耐心等待，挽救他们，大家到会同志也帮助他们，他们的态度有些变化，程度不同的交待一些问题。但是他们的立场还没有根本转变，群众对他们的交待是很不满意的，这是理所当然的，继续对他们批判。下定决心，回到毛主席的革命路线上来，如果还坚持错误那就不好了。许多同志说华主席为首的党中央对马、徐、王挽救，苦口婆心，感人至〈身〉深，大家体会到，以华主席为首的党中央按毛主席的方针政策办事，和“四人帮”乱扣帽子，一棍子打死，明显不同，让大家受到了深刻教育。受“四人帮”影响说过错话，做了错事，甚至犯了严重错误，认识有所提高，打消顾虑，放下包袱，振奋革命精神，积极投入战斗，经受斗争考验。

这次会议进一步证明，上海市的广大干部是好的和比较好的，是执行毛主席革命路线的，是听毛主席、华主席的话的。

会议是大中小会相结合的方法，对革命和生产统筹安排，推动了面的运动，促进了生产，形势都是很好的。

这次会议取得这些成绩，主要是毛主席革命路线指引，华主席为首党中央亲切关怀和领导，到会同志的努力，全市人民的积极支持。但是，今后的斗争任务还是非常艰难的。“四人帮”妄图把上海作为复辟资本主义作为[的]阵地。在上海犯下的滔天罪行决不能低估。我们要把他们在上海犯下的罪行，一件一件彻底揭发，彻底追查，还要坚持不懈的斗争。至于把他们的反[革][命]修正主义路线，剥开画皮，肃清流毒影响，还要更长时间，花更多气力。

同志们，会议结束后，一定[要]更紧密团结在以华主席为首的党中央周围，继承毛主席遗志，坚持以阶级斗争为纲，坚持……掀起大学习、大揭发、大批判[运][动]，把运动引向深入，抓[革][命]、促[生][产]、促[工][作]、促

[战][备],进一步发展大好形势。

对当前运动〈布〉部署讲几点意见:

1. 认真加强学习,放手发动群众。各级党组织要继续组织广大干部和群众认真组织学习毛主席关于批判“四人帮”重要指示,三要三不要,三项基本原则,关于资……就是在共产党内走资派还在走的科学论断,关于无产阶级专政下继续革命理论,学习华主席[在]打招呼[会][上][的]重要讲话,16 号文件,吴德同志讲话,掀起学习马列主义、毛主席著作的新高潮。深刻认识华主席为我党英明领袖,在中国革命的严重关头,一举粉碎“四人帮”,挽救我党,伟大历史功绩。使我党和国家领导权掌握在无产阶级革命家手中,有现实意义和深远的历史意义。

华国锋同志忠于马列主义、毛泽东思想,忠于毛主席无产阶级革命下继续革命学说,坚持毛主席革命路线和一系列方针政策。华主席是我党我党和我国各族人民当之无愧的英明领袖,是我们学习的好榜样,有华主席领导,继承毛主席遗志,我们满怀信心,充满着希望。粉碎“四人帮”是无产阶级的伟大胜利。

我们要用马列主义、毛泽东思想把广大干部和群众武装起来,同“四人帮”作坚决的斗争,粉碎他们妄图复辟资本主义的阴谋。毛主席教导我们:“群众掌握了真理,……群众心齐了,一切事情就好办了。”

2. 牢牢掌握斗争大方向,集中火力,深入揭批“四人帮”的滔天罪行。

毛主席说:“我们现在思想战线的一个重要任务,……”。王、张、江、姚“四人帮”是祸国殃民帮,是反党复辟帮,是隐藏[在]党内反革命修正主义分子,是一伙货真价实的大野心家、大阴谋家,是党内资产阶级典型代表,是不肯改悔的正在走的走资派,是我们党的死敌,工人阶级死敌,是全国各族人民的死敌。我们同他们斗争是两个阶级、两条路线、两种思想的生死大搏斗,关系到国家命运和前途。抓住王、张、江、姚的极右实质,篡党夺权,复辟资本主义的要害,抓住他们披着马列主义外衣,搞修正主义、搞分裂、搞阴谋的特点,进行揭发批判。要按着中央 16 号文件五个方面,结合上海市实际情况,分成辫子,分成专题,分成十个方面,揭发批判。要采取领导亲自动手,专案斗争和群众斗争相结合的方法,要把“四人帮”在上海搞的阴谋活动一件一件揭露出来,收集起来,一条一条批判,打一场人民战争。发动群众,揭画皮,批实质。揭露他们[是]文化大革命的功臣、文艺旗手、正确[路][线][代][表]、真正左派、无产阶级理论家等画皮，彻底戳穿野心家、阴谋家、极左派的狰狞的面目，要发挥群众和理论队伍相结合，开好各种类型学习会、批判会、声讨会，办好革命大批判栏，发挥文艺队伍的作用，利用各种形式把“四人帮”反革命修正主义路线批深批透。

3. 反复宣传和认真执行党的政策。毛主席教导：“政策和策[略][是][党][的][生][命]，各级领导同志[务][必][充][分][注][意]，万万不可粗心大意。”必须坚决按中央 16 号文件办事。要扩大教育面，缩小打击面方针。团结一切可能团结的人，要严格区分和正确处理两类不同性质矛盾，要把少[数]人跟“四人帮”干坏事、陷的深的和受“四人帮”影响说了错话严格分开，要把正常工作关系和搞阴谋诡计严格分开，要把华主席在中央打招呼会议上讲话前上当受骗犯了错误和打招呼后坚持抵抗、负隅顽抗严格区别。对犯了错误同志，要从团结愿望出发，经过斗争在新的基础上达到新的团结，要允许犯错误，允许改正错误，要允许革命。只要他们愿意改，我们就欢迎，一定要防止打横炮，乱点名，层层揪。“四人帮”在上海搞反革命的罪行是非常严重的，根子在“四人帮”，责任在市委主要负责人和少数阴谋策划者，对参加吹风的……都算……广大工宣队绝大部分人是好的，作了很多工作的，“四人帮”所在单位干了很多坏事，但干部和群众是忠于毛主席的，有的抵制和斗争，要依靠群众。

要警惕别有用心之人搅乱阶级阵线，混水摸鱼。我们同志特别老同志在胜利前面要保持清醒头脑，要正确对待三个对待。在这样尖锐复杂[的]阶级斗争中，有些青年干部犯了些错误是不足为奇的，犯了错误不要紧，改正了就好。我们要帮助他们改正错误，吸取教训，让他们在工作中改正错误，坚持老中青三结合原则。提拔符合五项条件的青年干部，不要动不动就训斥人，叫人家滚。[这][是]不得人心的，既不能改正错误，也不能达到团结目的。要按照毛主席指示，继续批邓，反击右倾翻案风，发展大好形势，[巩][固]文化大革命胜利成果。

4. 加强党委一元化领导，各级领导干部要站在斗争前列。

不准串连，不准成立任何形式的战斗队，各级党委一定要立场坚定，发动群众，加强政治思想工作，清除资产阶级派性，敢于领导，敢于负责，把革命和生产全面抓起来，革命和生产都搞得热气腾腾。上海港务局第三区党委、上海仪表厂党委和群众一起批、一起揭，迅速掀起大批判高潮，领导运动步步深入，促进生产不断上升,很多单位狠揭猛批“四人帮”罪行。

上海无线十三厂、农药厂、玻璃厂提前两个月完成今年国家计划。上海铁路局抓革命、促生产……初步了解还有第五建筑公司、异[型]钢管厂、燎原化工厂、上钢一、三厂、九厂、第一被服商店,都很好。全市大批企业还有好的,领导要到下边去,及时发现群众中好的经验。

心中有全局、手中有典型,这是搞运动、抓工作的必要方法。大力提倡。

但是也有单位领导同志,过去受“四人帮”影响,说了错话,做了错事,受到了群众批评。有的与群众顶牛、撂挑子,这种态度是错误[的],就是思想不端正的表现。[这][样]很难把运动领导起来,影响生产。希望有这类问题的干部要端正态度,振作精神,要相信党,相信群众,到群众中去,揭批“四人帮”罪行,抓革命、促生产,对自己错误自觉的做自我批评,变被动为主动,取得主动权。还有个别领导与“四人帮”陷得很深,中央打招呼以后,还鸣冤叫[屈]。如上海国棉十七厂×××,到10月16日还为“四人帮”喊反动口号,恶毒攻击华主席。上海……李维敏在本月17日上午游行喊反动口号,开黑会,压制群众,要交给群众批斗。

5. 加强公安民兵工作,充分发挥无产阶级专政的作用。

要稳、准、狠打击反革命分子,反动口号,反动标语,反革命传单,反革命匿名信都要坚决打击;对杀人放火、抢劫、奸污、打砸抢[等]破坏治安,要坚决镇压;对地富反坏右,只许他们规规矩矩,不许乱说乱动。教育群众不要传小道消息,不信谣,不传谣,严防阶级敌人破坏。

6. 抓革命,促生产,促工作,促战备,发展大好形势。

在华主席、党中央一举粉碎“四人帮”,群众蕴藏着积极性。今年一个月要狠抓革命,猛促生产。力争上游,艰苦奋斗,工业学大庆,农业学大寨运动,提倡大干社会主义很光荣,开展增产节约,大搞群众性技术革新运动,安排好基建项目。做好三秋工作,保证市场供应,加强财政管理,紧缩财政开支,下决心[把]“四人帮”造成的损失夺回来。

7. 这次会议后,区县局可以召开常委会、党核心小组会,根据16号文件精神和这次会[议]精神,研究本单位运动。到基层去,抓革命促生产,在搞好基层运动基础上,召开批判声讨“四人帮”大会。上海是个英雄城市,上海工人阶级觉悟是很高的,华主席多次关心上海,我们决不〈估〉辜负英明领袖华主席,坚决维护党的团结和统一。加强军民、军政团结和全国各族人民大团结。

团结起来，争取更大胜利。

良图：

1. 周波 46 以上。

2. 必要时(低 46)就拉(半小时前)。

3. 总调值好班，保证安全，有情况报告。

4. 再告各省注意。

5. 燃料问题我们催。

1976 年 11 月 23 日

下午，彭冲、乎加同志听取工交组、计划组汇报。

金传德：对这次会议大家满意，反映强烈。认为苏振华同志讲话非常重要，政策感受深，对马、徐、王犯了严重罪行，还挽救。工交[组]核心同志都甚感动。到群众中去揭发"四人帮"。工交组群众对核心信不过，我们联系自己思想，取得主动权、领导权。对我们不信任，在"四人帮"也在我们，我们要改正。搞好系统运动，首先搞好机关运动。半天工作，半天学习。抓典型，交流经验。抓好各级班子。

梁星明：机关运动方面，工交组战线是"四人帮"的黑据点，要揭深揭透，核心组要立场鲜明，带头揭。核心组成员程度不同的揭了些问题，揭的不多的感到传德同志、市委常委会问题揭的不够。对铁路问题还希望去，一起揭发批判，如不去容易造成[问][题]，取得群众谅解，领导权。知情的还有组干组史振远同志。私房话要揭，单线布置的希揭。经济战线上[是]意见多的是唐光煊同志，几次计划会议都参加。经济战线反革命罪行揭的不够，跟着干的事不少，只一张大字报，旗帜不鲜明。秘书组翁俨偌同志，参谋班子，了解多方面情况。军工方面揭发的不多，"701"、"708"。所以大家感到有差距。苏振华同志[说][对]群众反映强烈[的]，政策交待[要]非常清楚，领导带头，深揭猛批。

其次，放手发动群众，群众是没有顾虑的，看问题立场没转过来。揭发的材料，就是没了。

工交是重点，揭的不够。

高崇智：当前是把机关运动搞好。首先，把核心组会开好。第二，到小组去。第三，到意见大的组去一起揭批。在此基础上开大会，去基层揭发后，再开工交口的大会。面[上]的运动适当开些交流[会]。

准备文件内容：① 大好形势。计算机打字机厂学了16号文件，原材料节约20%；搪瓷六厂贯彻规章制度，提[高]1%，增……元。上钢三厂检查合同执行情况，燎原化工厂原来对大干社会主义都不敢写，群众劲头大。铝材一厂设备■■好90%以上。新丰仪表〈原〉元件厂小改小革。凤县化肥厂每县都有8 000—10 000吨。抓几个节约典型。

电、煤困难是暂时的，只要把群众发动起来，路线端正，是会给国家贡献大[的]。

（彭冲：保护余热利用60%，可以大大搞。）

第二步讲任务。① 把轻工市场搞[好]。② 短线产品。③ 节约提出要求。

（乎加：达到本企业历史先进水平，达到全国先进水平，达到世界先进水平。）

第四，大搞技术革新，技术改造。

第五，集中力量打歼灭战。

（彭冲：我要听一次基本建设。）

第六，交通运输问题。今年码头吞吐量5 000吨（1980年8 000吨）。

第七，军工生产。

第八，作好明年准备，一季开门红。

第九，开展工业学大庆，大搞群众运动。

乎加：现在工时利用太差，出工不出力。重点应解决领导问题、思想问题。干部敢领导，群众思想干劲调动起来了。业务技术性东西少点。

典型有八个：异型钢管厂、上棉三十三厂、市建五公司、新丰〈原〉元件、上港三区、〈护〉沪东造船厂。

鲁纪华：基造661[个]和130个项目。

（乎加：上海工交组管计划只二个人。）

每年建工局能力150万m^2，建工局外能力150万m^2，停〈那〉哪些？干〈那〉哪些？200个未开，300个已开（300个占投资80%）。

黄涛最起劲抓产值，今年 455 亿。五年增长 18—20 亿/年。

原材料浪费，单耗高，这是单独抓产值恶果。

（高：1973 年 3 224 元，1976 年 2 943 元。）

450 亿构成，轻 27%，纺 19%，重 56%。

彭冲：明年增长 3.3%太少，要大干加巧干，这些人不把上海管好，还想管全国。人民日报“一切行动听华主席指挥”，统统都讲了，要好好学。要宣判一批。

韦明：首先思想上解决问题。第二，计划分散，如何组织？

（彭冲：先把一季度搞起来。）

乎加：吉普车长线，32 吨汽车短线，黄涛不干。

（唐光煊：钢材库存 64 万吨。）

唐光煊：产值 455 亿，去年净增 12—13 亿。产值每月 37 亿，11 月〈予〉预计 36 亿。安庆每天发煤 10 000 吨，现发煤 13 000 吨。一般库存 50—60 万吨，现在 12 万吨，四天用量。

国家计划 55 个主要产品，有 38 个可完成，有 17 个完不成计划。钢 405 万吨，可完成 390 万吨。

让电：重工保轻工。

① 干部工作劲头大。

② 增产增收。

③ 一季计划计委已经下达，有个控制数，明年从节约求增产。钢材 60 万吨库存，机电 40 亿库存。

④ 当前交通运输主要是轮港。外船只存港 20 条，过去 70—80 条。现在是最少的时候，是历史水平最低。

孙立余：和工交组一起把各局计划力量组织起来，组织一个班子。〈倒〉到底有多少钱？

彭冲：不一条裤子，不能穿二条裤子。〈那〉哪几个管计划，〈那〉哪几个管当前生产？

乎加：基建由鲁纪华负责，生产由〈戈〉葛衡负责。

彭冲：机械先不变，人也不变，分工另分工。

乎加：综合平衡（工业、农业、劳动、财务、文教……）工交计划。

乎加：1. 大会后运动怎么安排？2. 生产大会怎么安排？3. 当前生产怎么抓紧？核心组里先搞，然后到组里去，再开机关的大会(陈阿大第五建筑公司)。(彭冲：黄涛、陈阿大应拿出来批斗。)要很好学习，需15—20天，材料很多。办法：〈疏〉梳〈便〉辫子。工交组在本单位学习，揭发批判。徐萌同志和小梁抓机关运动和总支，高崇〈志〉智同志负责抓革命促生产大会(明上午)，韦民同志负责计划会议(明下午)，秘书组负责抓面[上]的运动，唐光煊负责当前生产。

(彭冲：革命、生产一起抓，行业要有所侧重。)

乎加：工业学大庆怎么抓？

彭冲：工业学大庆贯彻在多方面，学根本，抓阶级斗争，当前批"四人帮"。

彭冲：革命生产形势很好，把群众组织起来，国务院同志来一大批人，上级来的同志多，上海市广大干部、群众比我们估计好的多，马、徐、王估计一传达会乱，实际是孤立的。

如何组织起来，再上海对全国革命、经济影响都很大，要搞好。当前矛头要对准"四人帮"，政策上是清楚的。今天到会同志是领导干部，要轻装上阵。中央政策清楚。上海200万工人阶级，2 000万占200万人，所以要挑起担子。要看行动。你们要大胆工作，放手工作，过去有点这样、那样错误怕什么？党内路线斗争这样复杂。

要总结这段经验教训。主席批示过的文件和怎么执行的比较，问题在〈那〉哪里？提高思想。

同志们大胆工作，把工作组织起来，各就各位，分工明确。

开个名单，工交组、计划组开个名单。

当前几件事：

1. 把抓革命促生产抓一下，搞点调查研究。

2. 工作〈布〉部署上，今年一个月狠抓，明年要早抓，比今年要好。要讲产品，要讲项目、需要和可能。农轻重抓产品，基建抓项目。把一季度先安排下来。向市委汇报一下(一季度安排)。煤、电、运，产、供、销问题大一点。工业学大庆是总口袋，大庆就是鞍钢宪法，上海提出学大庆，厉行增产节约，挖潜，60万吨钢材，40亿机电库存，原材料消耗降低，三废处理，余热利用，这是多快好省，就是政治。学大庆，增产节约拢在一起，各行业有不同要求。再抓典型单位会议，开现场会，冶金行业、轻工行业、纺织行业……行业搞乒乓球比赛，搞鞍钢宪法，政治挂帅，党领导……用典型说明。当然对上海受“四人帮”影响不能低估。贯彻市委会议，大批判开起来，把生产搞起来。潜力很大要肯定，气可鼓不可泄。

分工要具体化，有事大家先多商量，民主集中，上下不分、党内外不分不行。

三四天内听一次生产汇报。

1976 年 11 月 24 日

上午，乎加同志讲选典型。

乎加：

1. 工交组先开干部会议。配合计划会议，各行各业总结本单位好经验、好典型，定明年计划，总结好经验，就是大会材料。

2. 1 月份以前先把计划搞出来，明确奋斗目标。

3. 经济战线中“四人帮”修正主义路线重点批，肃清流毒。当前是砸乱，要算个账，按正常速度如何？“四人帮”的破坏。算政治账，把工人阶级队伍，把总工会作为一个什么场所，总工会是什么人？工人阶级先锋队是党，把党搞成什么样子？社会主义企业领导，如马振龙、张金海等，搞个什么样子？批“四人帮”，把流毒、坏影响扫一下，树革命正气。工人阶级创造的财富，刘庆棠做皮鞋的故事。要深揭深批教育我们的干部。为这些资产阶级老爷服务，这是我们的耻辱，为这帮资产阶级老爷服服贴贴的干。

乎加：选典型里有二种，好事里找好人，坏事里找坏人。这就是实践，真理来自实践。一个单位搞得好，要向这个单位领导、群众学习领导怎么领导，群众怎么干劲，二个阶级斗争。我们计委的文风不好，〈好〉花岗岩的脑袋。不要〈竞〉净写数字，这个典型无用，典型是斗出来的，人的奋斗、转化过程。好是怎么好的，坏怎么坏的，无用，不要统计学。没有阶级斗争、路线斗争、落后转变先进过程，怎么学？先进和落后的斗，无肉只有几根筋，不行。要实事求是很重要，写典型要如实反映情况，不要为写典型而写典型，一是一，二是二。真正学毛主席反八股文风，不要在编造上下工夫。在编造上下工夫是修正主义，不是马列主义。

12 月半要把第一季度生产安排下去，12 月 5 日前计划组、工交组把明年安排拿出来。

晚，乎加同志听取汇报。

韩哲一：计划组、工交组管计划的集中在一起，再集中有关局管计划同志，制定明年计划。

韦明，管总(物资局，劳动组)；孙立余、鲁纪华，基建计划；韩哲一、〈戈〉葛衡，生产计划；方祖荫，财贸计划。

乎加：杨士发、江岚同志组织班子，10 日左右开会。

一、要开展工业学大庆，现在批“四人帮”篡党夺权，搞一个多月，就要批企业的修正主义战线。企业怎么管理一套要认真总结经验。集中起来，坚持下去。首长负责，亲自动手。违反主席思想方法，违反主席的基本任务。批了以后一定要改，把主席教导化为我们实际行动。

打三个歼灭战：

1. 编制计划打歼灭战；

2. 抓运动打歼灭战；

3. 促生产打歼灭战。

二、明年计划编好。计委一季计划已发下来了。

三、生产建设唐光煊同志负责，良图同志作后台。

三条战线。

运动问题，认真学，认真揭，自己有问题在党内认真批评、自我批评，团结起来，把革命进行到底，要大干。

群众运动一条线，编计划一条线，抓生产一条线，分工明确，有人负责。

不要按〈步〉部就班，兜圈子。

1976 年 11 月 26 日

下午，传达华东计划会议精神。

孙立余：传达华东计划会议。

韦明：11 月 16—22 日七天，林乎加同志主持，按国家计委规定三个单元，1. 揭批“四人帮”；2. 研究明年一季和明年计划编制问题；3. 计划体制问题。

大家同意谷牧〈付〉副总理的编制计划依据，会议开得很好。现传达谷牧〈付〉副总理编制明年计划的意见。

谷牧〈付〉副总理：关于制定 1977 年计划问题。

国务院研究了几次，把明年计划搞好。

一、深入开展对“四人帮”的大批判。

搞好明年计划，加快国民经济发展，首先开展对“四人帮”的批判。各部门都行动起来，各部门组织起来学习马列，学习 10 月 7 日华主席讲话、10 月 24 日在天安门讲话、二报一刊，大批“四人帮”反革命言行。“四人帮”对我国社会主义革命和建设破坏实在太严重了，不彻底揭穿，不把修正主义货色批倒批臭，我们革命搞不好，生产上不去。“四人帮”为了篡党夺权，到处挑起事端，想天下大乱，破坏革命、生产，破坏生产是为了破坏革命。他们大搞阴谋诡计，妄图打倒中央、地方一大批领导同志，把黑手插到各地，把一些地区的党组[织]搞乱，挑起派性，分裂工人阶级队伍，策动全面内战，煽动停工停产，煽动打砸抢。批判他们的罪行，就能推动一些地区和单位、老大难地区解决，增强党的和人民的团结，加强无产阶级专政，巩固社会主义经济和全国大好形势。

“四人帮”为了篡党夺权，随意篡改马[列][主][义]和毛泽东思想，散布谬论，混淆是非，颠倒黑白，力图把人们的思想搞乱。他们鼓吹怀疑一切，打倒一切，把我们党、无产阶级专政国家说得漆黑一团，把解放以来我国人民取得的社会主义革命、建设一笔抹杀。他们篡改党的基本路线，抹杀资产阶级和无产阶级、社会主义和资本主义两个阶级、两条道路，否定修[正][主][义]是主要危险，提出什么主要危险是经验主义，污〈灭〉蔑老干部绝大多数是民主派、走资派，叫嚷要揪现在的大儒和孔老二的徒子徒孙。要解决以邓小平为头子的继承人问题，要层层揪走资派。他们在革命和生产、政治和〈叶〉业务、上层建筑和经济基础、生产关系和生产力等等关系问题上，大搞形而上学，大搞唯心主义，〈顾〉故意制造混乱。谁坚持抓革命促生产，他们就骂谁是儒家，是以生产压革命。一讲社会主义四个现代化，他们就说唯生产力论，复辟资本主义。他们反对社会主义计划经济，反对集中统一领导和必要的规章制度，反对企业管理，煽动无政府主义。他们对抗毛主席关于学习与独创相结合、洋为中用相结合，反对引进国外的新技术，把进口一概斥之为买办，把出口一概骂之为卖国，破坏正当的对外贸易，如此等等，充分暴露了他们不是什么马克思主义理论家,而是地地道道的反革命两面派。他们什么理论也没有,凭借手中控制的舆论工具,今天这么说,明天那[么]说,信口雌黄,指鹿为马,专门扣帽子、打棍子。他们是一伙大恶霸,一伙政治流氓。我们要一条一条的理出来,从政治上、思想上、理论上驳倒,以捍卫马列主义毛泽东思想纯洁性,保证各项事〈叶〉业沿毛主席革命路线胜利前进。

华主席在10月4日重要讲话中讲"四人帮"在今年7月召开全国计划座谈会上所搞的阴谋,我在这里说点情况。今年以来按着中央四、五号文件精神,批邓修正主义路线错误,克服他给各项工作造成影响是完全正确的。当时"四人帮"利用批邓搞阴谋,他们在计划座谈会上表演是一个大暴露。这次会议经过毛主席批准的议程,(一) 批邓、批条条专政;(二) 安排下半年计划。"四人帮"阳奉阴讳,在会议开起来后,采取突然袭击办法,指使几个人跳出来,叫嚷会议要揭去年国务院务虚会和计划会议盖子,危言耸听,造谣生事,把这两个会污〈灭〉蔑为右倾翻案风的风源,是复辟高潮,妄图把中央和国务院领导同志打成走资派,为他们篡党夺权开路。他们扬言,不揭开这个盖子就不能散会,攻击说:你们过去开会可以二三个月,为什么现在搞路线斗争你们就急于散会,走过场。会议期间,王洪文亲自出马,多次窜到会上,煽风点火,他们还指使人到处串连,要与[会]省市部门的同志,同他们站到一个战壕,向国务院领导同志进攻。由于他们的破坏,会议无法开下去,下半年的生产建设计划无法安排,与会的绝大多数同志对他们这种行径极为愤恨,抵制了反革命的串连。7月24日,华国锋同志在政治局会议上与他们[进][行][了]尖锐的斗争,驳斥了说风源的谬论,指出批邓,所以会议转入第二议程,端正会议方向。会议期间,正当毛主席病重,中央和国务院领导同志打算快结束,让大家回去快抓工作,把工作抓好,让毛主席放心,但"四人帮"〈伤〉丧心病狂,不顾毛主席的安危,不顾人民的死活,变本加厉的搞分裂,搞阴谋诡计,搞篡党夺权,以致丧失了时间,使1976年国民经济计划不能顺利执行,今年许多产品不但不比1975年上升,反而下降。财政收入也完成不好,唐山地震是一个原因,我们工作也没做好,但主要是"四人帮"干扰破坏。由于修正主义路线影响,特别"四人帮"倒行逆施,近几年来,我国国民经济发展缓慢,工业生产增长速度1974年3.3%,1975年15.1%,今年〈予〉预计几乎没有什么增长。

钢产量今年〈予〉预计相当1971年水平,落后了一个五年计划,在继续十年徘徊之后，又出现五年徘徊。本来，我国钢增产 200—300 万吨是完全可能的，结果产量反而下降，同正常的增长速度相比，三年中大约少产了 2 100—2 600 万吨。

轻工业产品也不好，加上农〈付〉副产品收购不上来，影响市场供应，影响物价稳定，这几年尽管动用了为数较大的库存，市场物资仍感不足。原定调整部分职工工资计划，一拖再拖，今年还是无法实现，少数地区农业大部不〈减〉增，有的甚至下降，由粮食调出变为调入。基本建设许多工程，长期不能建设投产，乱■头不少，战线很长。铁路重要区段长期不畅通，不但给生产建设造成很大波动，而且影响人民生活，不少企业长期亏损，财务收入减少，今年全国财政收入只相当于 1972 年水平，本来我国每年增加 40—50 亿是完全可能，结果下降，与正常速度比，三年中少收 300—400 亿。当前国际苏修在我国边境陈兵百万，亡我之心不死，毛主席一再教导我们要准备打仗，在这种情况[下]，“四人帮”肆意破坏社会主义革命和建设，破坏备战，他们干了帝国主义和社会帝国主义想干而干不了的事情，祸国殃民，罪大恶极。“四人帮”的罪行必须彻底清算，肃清流毒是一场严重的阶级斗争和路线斗争，这场斗争还刚刚开始，不要认为把“四人帮”打死了，斗争就结束了，我们脑子里要有阶级斗争，要保持清醒头脑。我们要遵照华主席和党中央指示，放手发动群众，认真学习马列[主][义]和毛泽东思想，以马列主义和毛泽东思想为武器，从思想、政治路线上把“四人帮”批倒批臭，要切实地、正确地贯彻执行毛主席革命路线和政策，巩固和发[展]文化大革命成果，支持新生事物。

二、拟定 1977 年计划的指导思想。

毛主席 1957 年指出，我们的目标是想造成又有集中，又有民主，又有纪律，又有自由，又有统一意志，又有个人心情舒畅、生动活泼的那样一种政治局面，以利于社会主义革命和社会主义建设，较易于克服困难，较快地建设我国的现代工业和现代农业，党和国家较为巩固，较为能够经受风险。打倒了“四人帮”，毛主席所说的政治局面正展现在我们面前，随着批判“四人帮”的深入，革命和生产搞得好的地区形势将越来越好，少数问题较多的地区形势将迅速好起来，全国将更加安定团结，人民群众的社会主义积极性将更加高昂。我们要充分看到大好形势，要因〈事〉势利导，大鼓革命干劲，大力发扬积极因素，把广大人民群众在批判“四人帮”中的革命热情变成扎扎实实的搞好各项工作的强大力量。我们要坚持以阶级斗争为纲，坚持党的基本路线，坚持社会主义[经][济]建设总路线，树立雄心壮志，发奋图强，抓革命，促生产，促工作，促战备，备战备荒为人民，把“四人帮”干扰破坏所造成的损失夺回来。我们应当看到“四人帮”破坏给国民经济造成的困难，要认识到克服这些困难需要有一个过程，但是这些困难是暂时的，打倒了“四人帮”，我们有充分信心克服这些困难，有点困难大家分担，只要我们坚决贯彻执行毛主席的方针政策，依靠广大人民群众，统筹安排，对〈正〉症下药，有计划、有步骤地进行工作，做到情况明、决心大、方法对，这些困难是可以较快得到克服的，我国的社会主义建设一定会出现一个新的高潮。要警惕有人故意夸大困难，警惕敌人故意制造困难。从当前的实际情况出发，1977 年国民经济的发展，必须采取以下方针。

1. 要把发动群众工作作为全党和各条战线的重要任务。要广泛深入地开展工业学大庆、农业学大寨的群众运动，国务院已发通知，年内召开第二次全国农业学大寨会议，工业学大庆会议，12 月中旬请各省市同志来商量筹备事宜，明年上半年就开。要像全国农业学大寨会议那样，明确方向，定出普及大庆式企业的具体规划。

2. 要下大力量把农业、轻工业搞好，把市场安排好，使人民的衣、食、住、用、行有所改善，这是关系到八亿人民生活安定不安定的大问题。把这方面工作做好了，市场物价稳定，人民高兴，国家又可以增加财政收入，重工业发展的基础就更加巩固。〈再〉在燃料、动力、原材料的分配，基本建设投资的使用等等方面，一定要坚决按农轻重秩序进行安排。这样做从眼前看，重工业搞得少一点；从长远看，可以发展得更快更多一点。

3. 在生产和基建关系问题上，要先保生产，后搞基建。明年要尽最大努力，首先把现有企业的生产能力发挥起来，把生产搞上去，特别是把燃料动力生产搞上去，生产上去了，整个国民经济才能主动。明年基建规模要坚决缩小，以便腾出材料设备用于当前生产维修，如果在材料设备分配上不首先保生产需要，过多的用于基本建设，就会形成一方面现有能力不能充分利用，一方面新建项目搞起来也不能充分开工，那是极大的浪费。有些工程宁肯明年再〈托〉拖一年，甚至停一年，从全局看是有利的。

4. 所有工业企业都要把质量品种摆在第一位，大搞技术革新，大搞增产节约，努力提高劳动生产率，降低消耗，降低成本，明年要在这方面多花工夫，做出显著成绩。

5. 要提倡全局观点，局部要服从全局，要加强计划性，搞好各级综合平衡。反对各行其〈是〉事，破坏统一计划的现象。

6. 干劲要鼓足，措施要得力，指标要留有余地。定了计划就一定能完成或超额完成，这样比较主动，有利于调动群众积极性。明年的工业生产指标，拟一个指标，上半年先按低限安排，上半年搞好，下半年再增加。

三、1977 年生产指标和基建。

1. 工农业生产指标。粮，5 950—6 000 亿；棉，5 200 万担；钢，2 400 万吨；原油，9 300 万吨；化肥，3 200—3 500 万吨。

2. 基建投资控制在 250 亿元以内，比今年 280—290 亿减少 30—40 亿，力争少花钱多办事，把事情办好。

明年除〈各〉个别项目外，一律不上新项目，正在施工的项目要排个队，优先安排好一批建设条件好、花钱少、见效快，又是当前国家急需的施工投产和收尾配套项目。对于那些国家不急需的，建设条件不具备或者建成后燃料动力、原材料和交通运输一时跟不上的项目，要下决心停、缓。非经中央批准，一律不准新建楼堂馆所，停、缓建的项目的施工队伍要统一调度，支援农用水利建设，支援灾区，支援城市。

地方中小项目，除经济薄弱地区适当搞一些外，也主要搞好技术改造、填平补齐，不是铺新摊子。地方自筹资金的基建，所需原材料、设备以及建成后所需的原材料、燃料、动力，各省市自治区要搞好综合平衡，自筹资金来源要正当。

3. 社会购买力大致计算，社会商品可购量和社会购买力不平衡，要从两个方面做工作，一方面要增加农〈付〉副产品收购，增加轻工业品生产，搞好工业品下乡，活跃城乡物资交流；另一方面严格控制全民所有制和集体所有制的工人数增加，严格控制粮食销售量，严格控制集团购买力，有些企业必须增加劳动力，必须挖掘潜力。今年有地区不经批准自行增加职工人数，要在明年劳动职工中扣还。要加强市场和物价管理，打击〈偷〉投机倒把，要扩大对外贸易，更好地为我国外交路线服务，为我国建设服务。各地区、各部门要支持外贸工作，努力增加货源，要重合同守信用，实现外汇收支平衡，要坚持无产阶级国际主义。

4. 财政收入。要认真做好组织财政收入工作,把应收的钱都收上来,要大力扭转企业亏损,要严格财政纪律,坚决反对乱挤成本,乱向企业摊派资金,任意挪用、偷窃国家税款和利润。要严格制止随意制止随意[将]生产流动资金和银行信贷资金用于基建和其他开支,支出要精打细算,反对铺张浪费。

四、进一步改革经济管理体制的意见。

要继续批判条条专政,要发挥两个积极性。根据国锋同志指示“关于经济管理体制态度要坚决,决心要大,步子要稳妥”的指示,根据“四五”纲要规定改革体制的各项原则,按照全国计划工作座谈会上各地区、各部门意见,我们会同国家建委、财政部、一机部共同研究,对明年体制改革提出以下意见。

1. 以省市区为主制定计划,在块块计划的基础上,拟定全国的国民经济计划和分行业的计划,计划按隶属关系拟定。地方所属单位的生产计划,由地方负责拟定,地方项目基建投资,由地方统筹安排。少数为全国配套的重要项目,有关部门可以提出建议,中央部门直属单位和代管下放单位的生产基建计划,由主管部门提出,商同有关地方安排,加强地区综合平衡。

随着计划体制改为以块块为主,物资、财政的体制要作相应改革,物资分配根据各地不同情况和不同产品,扩大试行调出调入范围,在全国各省市区进一步[搞]好好水泥的调出调入,并对煤、硫酸、烧碱和化工产品,普遍实行调出调入,财政实行定收定支,收支包干,保证上交,差额补贴,结余留用,一年一定的办法。

2. 劳动指标按隶属关系分管,招工和劳动条件由地方统管,各部门代管的下放单位,要同有关地方商量,分批分期移交地方管理。

3. 为了通过试〈典〉点取得经验逐步推广,要扩大华北地区和江苏省体制改革的试点范围。基建投资切一块由地方统一安排,国家统配产品和基建投资(华北包括资金产品)除大型专用外,实行调出调入办法。财政收入,……

五、拟定 1977 年计划步骤。

12 月上旬以前各省市自治区提出 1977 年计划草案,各部委要组织干部到各地区协助地方抓好地方最后两个月的生产建设工作,听取地方同志对明年计划和明年一季度生产建设安排意见,并商量改革经济管理体制意见。12 月中下旬对各省市区计划进行全国综合平衡,提出全国明年一二月份召开全国计划会议。由于全国计划会议要在明年初召开,1977 年计划一时定不下来,因此要根据明年的方针先把明年第一季度计划制定下来。

今冬明春抓的越有力，准备的越好，明年就上得越快。现在全国人民都盼望把生产搞快一些，我们一定要兢兢业业把生产搞上去，我们一定要继承毛主席遗志，实现毛主席规划的两步宏图，在本世纪内把我国建设成为社会主义现代化强国。特别是把当前关键的十年这一仗打好，“四人帮”干扰，我们大家有劲使不上，现在要在华主席为首的党中央领导下，以无产阶级政治挂帅，把劲都使出来，要像毛主席教导那样，保持过去革命战争那股干劲，那么一股热情，那么一股拼命精神，把革命工作做到底。“四人帮”大祸害都铲〈出〉除[了]，还有什么不能干呢？我们的目标大放光明。

韦明：

1. 国家下达指标，138.5 亿(1975 年)，今年增产减收，可完成 133 亿，比计划差 5 亿，比去年差 1 亿。

2. 围绕煤电油，搞好挖潜，搞好综合平衡。100 种产品比去年，比历史最高水平多消耗。与今年计划比较有 64 种。钢材库存 66.5 万吨。

3. 抓节约，扫仓库，降低消耗。加强全局观点，提倡实事求是。干劲鼓足，假话不可说。

4. 要把计划抓好。

乎加：市领导同志指示，12 月上旬召开市公司以上干部会议，初步总结大会后情况，研究运动进一步部署。同时介绍先进单位，批“四人帮”，学大庆，抓革命促生产的先进单位，市委领导同志在会上报告，讲讲今年和明年任务，明年开门红。

两步走：

第一步，粗线条，现有基础上。

第二步，进一步发动群众订计划。要研究电、燃料、原材料、国家任务……怎么样，即除了本行业问题外，外部条件如何。

华东电网能力 600 万 kW，现在 400 万 kW，有 200 万 kW 不起作用(火电不配套……)，这种状况 12 月份不会好转，需明年 3 月水上来。

高压加热器节约燃料 10%，提高出力 15%。

电有浪费，要节电，要计划用电。

统配煤矿 2.85 亿，其中开滦 2 500 万吨，明年开滦 1 000 万吨。

所以,明年煤要有2.85亿就不错了。所以,明年保住今年指标就不错了。

钢和钢材。明年钢2 400万吨,石油、粮食不能多出口。进口钢材大致250—300万吨(明年),明年钢材尽量不少产。全国机械行业吃不饱,怎么办?长线产品少产,库存机电产品40亿,北京机电产品9亿,能用的1亿。全国460亿机电产品库存,能用则用,不能用就加工改制。搞好维修配套,搞好加工改制、试制新产品,不要追求产值吨位,按需要生产。钢材库存66万吨,全年需要120万吨,即半年周转量。缩短周转时间。

从这些方面挖潜力,求速度。今年3%增长速度太少,[粉][碎]“四人帮”了,明年要求速度,机电产品库存40亿变活了,66万吨钢材用20万吨也可以,所以从现有实际出发,从节约、从挖潜里找速度,能否明年搞到10%速度。

唐钢侧吹,1 200公斤/吨;上海侧吹,1 450公斤/吨。

现重点:揭篡党夺权(“四人帮”)。

运动深入:揭“四人帮”在各条战线反革命修正主义路线。

目标:① 各行业所有企业讨论达到本行业历史好水平,发动群众讨论各项经济指标。② 提出达到全国同行业先进指标,一年还是二年达到。③ 提出赶超世界先进水平,明年一季度召开全国学大庆会议,明年以计划组为主,工交组参加,搞一个班子,订明年计划,搞好综合平衡。

搞运动要在各单位党委一元化领导下搞好。工交组分工过去由秘书组管运动,只是起草报告,人员由组干组搞。批了黄涛、陈阿大、黄金海后怎么办?还是首长负责,亲自动手,集中起来坚持下去。金传德同志抓群众运动,金传德同志谦虚了。我们组织一个班子,来抓群众运动,批“四人帮”,学大庆,由杨士〈发〉法同志和江岚同志抓,由士〈发〉法同志负责。

大庆用三个月时间搞阶级教育,阶级教育,领导带头。“四人帮”说不管白猫黑猫,能叫就是好猫。首长负责,亲自动手。16号文件,苏政委布置都是一般号召,现在要我们到下边去亲自动手。

现在不要急于解决本单位问题,先学好16号文件,然后批“四人帮”和市委主要负责人,有的问题都从这里找到根子。放走了大目标,搞了小目标,你说不是层[层]揪斗,也是层层揪斗。对犯错误同志要帮。

各级领导搞一个班子,把运动领导权抓在手里。把工业学大庆认真执行。

另方面,搞生产调度,研究解决存在问题,电、煤、原材料问题,要主动联系安排好，不要打被动仗，把矛盾摆摆，分析，一个一个解决。所以在党委一元化领导下，二条线，一抓运动，一抓生产，党委同志要分工。抓运动包括班子问题，如好事找好人，坏事找坏人，好人培养对象，评比选拔，做干部工作要从实践中选好人。也从群众揭发出的坏人[中]找坏人。政治挂帅，大搞群众运动。工业、财贸战线要学农业，学大庆，大搞群众运动。

杨士〈发〉法：工交组成立政工组，集中一二十人。

许萌汇报工交组运动

乎加：讲讲工交组机关运动。

许萌：几天工作，抓了核心组揭发批判，从星期五半天，星期六晚上，星期天半天。第一个半天高崇智发言，内容，"四人帮"怎么破坏生产的。① 如轻武器说不知道，后又说第二天知道了。② 50 支轻武器他不知道。③ 708(大飞机)王洪文说(乎加：要他转变立场，让他找问题)搞失败也祝贺。演话剧"顶风飞"，要拍电影。总理说"快一点"，王洪文说"慢一点也不要紧"。马天水说："政治上需要，经济上不需要。"(乎加：把黄涛破坏社会主义建设揭一揭。)张春桥说 701 只要上去就是胜利。凡是影响大的、出了成果的是他的，有成绩只说上海，不说省市支持。张春桥说，只要上一个铁弹，也是胜利，708 飞一圈掉下来也是胜利，708 失败也是胜利。陈阿大说：701 路线是正确的，红旗路线是错误的。第二天，史任远讲组阁，宣布党和结党营私。王日初找史任远直接〈班〉办，不少事王日初、王秀珍直接布置史，有时黄涛布置。两条线。

1974 年 10 月 1 日黄涛从北京回来，① 要调中央；② 中层干部要像任锡康那样，老干部像李明奇，新干部像祝家耀那样。马天水说：干部问题要作为战略性问题考虑。黄涛说：任锡康可以当国家计委主任。范崇星向国务院写封信，黄涛认为能提供炮弹有功，黄先提组长，看你入不入党?

金传德说：今年 2 月 7 日在郑州铁路分局昌宜吹邓小平材料，我给廖祖康讲了，告纪登奎的状了。金说铁路局问题是马、黄把我(金)推到第一线。

特务手段：马天水有通知，中央同志来人做些什么要写出来。

马天水要高崇智、唐光煊了解情况，没了解什么问题，马说：你们都是胡传魁。

居开松说黄涛二面派。

陈阿大在厂里加班费100元,厂里交通费补助5元。

史任远,原是厂文革主任,开始还好,后来跟得紧,主要跟王日初、王秀珍。支部讨论支部书记入党问题,是史任远执行的。

翁俨偌:四届人大黄涛说,张春桥说部长是老的,把他们放在前边,好批。

乎加:范崇星做高纯德工作,李家骝做房维忠工作。我们对这些人要做工作,不能把这些人当打击对〈向〉象。要争取这些人,揭发"四人帮"要做他们的工作。

乎加:工交组开核心组会你们两人(徐良图、李景昭)去一个人。机关群众不信任,怎么做工作。开机关大会,工交组头头带头揭黄涛、陈阿大,再给他们机会看真揭假揭。10日以前开大会,筹备一下。运动由翁俨偌[负][责],史任远不下去,在机关可用一下。

"揭了一些东西,立场还没有根本转变",大字报水平也没有。帮,促,要他们揭发黄涛、陈阿大。

本周要:机电一局,唐光煊;机电二局,高崇智、王应全(701负责人)。这些人不转,不能用,到群众中去。在常委会会议。

生产班子,找一个人,减轻唐光煊。

1976年11月29日

下午,〈戈〉葛衡反映情况。

无线话筒(窃听器),黄涛单线领导,具体由陈任之、乐家康负责办,由352厂生产,已经供应一些,分给谁不详(马、徐、王批准才能给)。

1976年11月30日

上午,工交组核心组会议。

任锡康:9月3日王洪文在主席病重[时]在北京喝酒,小兄弟很忙。9月2日姚〈洪〉文〈文〉元老婆看过陈阿大。金祖敏来前门饭店二三次,讲地震,陈阿大到金祖敏[处]多次。3日晚,陈阿大……到烤鸭店吃烤鸭。

杨〈福〉富珍来看过,陈阿大看不起杨〈福〉富珍,杨走陈不送(陈到北京抓701)。

王洪文讲后方布点问题,黄涛积极。

我原在■搞二厂，四届人大〈予〉预备会时，陈阿大说：任锡康到工交组由我领导，当时我认为开心。王洪文说：你（指任）可以当国家计委〈付〉副主任。我思想活动，这是封〈功〉官许愿，本来我是工人出身，基层单位。另一种想法，领导信任。这是拉拢封官许愿。

史任运：黄涛说 1974 年 7 月 4 日要选一批人，选部长、计委主任，像任锡康这样的人。

任锡康：我来工交组，开始见到黄涛，2 月 10 日报到，黄涛说分配到军工组。计划座谈会期间，把二十条抄回来了，夜间关门由范崇星抄的。抄了一夜，实际这是做特务活动。二年来，黄涛手段有打、拉、捧。如黄涛问我，你房子搬了没有？高崇智要给我 50 元补助，我拒绝了。核心组补助，直接在王日初领。11 月 12 日快抓起来时，王日初补助陈阿大 150 元。一般同志补助，由机关党委负责。这是腐蚀拉拢。另也有打的方面，一分厂里同志到一机部参加工业学大庆会议，一机部重视，发一个文件，马天水批：工交组机电一局阅。给我看。……另一次，黄涛说，讲话要看观点。

翁俨偌：袁宝华来上海，黄涛一看就有许言、陈月然在屋，后黄说，袁〈竟〉净找些老右。

高崇智：宝华说马天水要做他二人工作。

任锡康：关于小枪问题（微型冲锋枪），有一天陈任之打电话问我，小枪谁管？说小廖要谈一次。① 今年下半年要拿出 50 支；② 了解生产情况。第二天陈任之跑到楼上告[诉]我。我说要写报告，于是他写个报告。董兴说，今年安排 100 支材料。董兴找过黄涛，也找过廖祖康。

唐光煊：9 月 22 日廖祖康从北京回来带二件任务，① 微型冲锋枪；② 防弹车。把范崇星找去，沈乐天也去了，是廖祖康要去的。

王英金（军工〈付〉副组长）："701"工程开始我参加，"四人帮"反动路线。1969 年 8 月 14 日总理叫马天水去，上海也可搞"701"。二次去北京学习，"四人帮"、马、徐、王、黄、陈搞修正主义，以下几方面。

1. 怀疑一切，残酷斗争，无情打击，我犯错误也在此。1970—1971 年最厉害，当时客观上王炳京对上海搞"701"满意。马天水极力宣扬残酷斗争。1969 年底汇报"701"，张春桥说："不汇报阶级斗争，只关心业务"。还有张春桥说：搞"701"像文化大革命一样，愿意革命的跟我们走，否则滚蛋。

马天水说军工组〈竟〉净开和平会,不抓斗争。(高:这是揭矛盾会,要形成批斗会。)隔离几个人:① 新新:1970 年 10 月隔离;② 小青年,隔离,“701”工程隔离多人,制造白色恐怖。马天水动不动就隔离。1970 年以后马天水管全面,就不经常来了。

2. 1970 年汇报会上,王洪文说:反革命、特务也可以用,德国都能用特务。想把“701”搞[成]独立王国,尖端应当国家统一搞,1970 年就要和国家科委对着干。1970 年上海自己搞试车台。1970 年搞发射场。王洪文、马天水带我们(高崇智、我)去北京向总理汇报,马天水说,上海促七机部力量。1972 年总理听汇报,“四人帮”也参加了,也没发言。张春桥说,成功祝贺你们,失败也祝贺你们。1973 年听两次汇报,“四人帮”参加,王洪文说打下卫星后,要上武器。1974 年汇报一次,总理生病未听,叶帅听的,张春桥捞政治资本,张说“701”罪魁祸首是我,对“701”估计不足,这是压科委。1975 年汇报两次,叶帅主持。

① 去年春天,搞独立王国最明显。

② 搞第二武装。

③ 捞政治资本,王秀珍多次散布说不管卫星如何,一定要导弹成功。今年 5 月王洪文主要讲文化大革命,陈阿大如何保他,讲工总司内部斗争。1974 年王洪文说上海是游击队,七机部是正规军。1976 年说:“我组织游击队”。

④ “701”工程提倡、主张条条专政,破坏党一元化领导。张春桥 1970 年说,文化大革命经验直接发动群众,“701”你[你]们也直接发动群众。黄涛说,“701”是个宝。马天水说,我[和]七机部对着干。

良图:讲三点意见。

1. 24 日乎加同志找大家研究,组织三条线,还有不一致意见,要说清,没有说计委、生产委、工交政治部;没有说驾空;借调的问题。我们就要团结在以华主席为首党中央周围,不能有别的思想,有消极作用。因这件事是根据市委、工作组的研究。

2. 三条线工作问题,不管我们有多少错误,要倾听群众意见,如六个组和群众有距离。知情人,看你敢不敢揭发,溜不掉。因此,领导核心,每位领导同志和群众不能疏远,所以一个星期要拿出几天和群众见面。

3. 核心组揭发批判,主要抓住“四人帮”极右实质,你死我活的斗争,无情的斗争，不能动摇。“四人帮”利用经济部门篡党夺权，目标不能转移。至于我们执行不要紧。如林彪用的白相国[①]从国外买来的。所以不能存在把“四人帮”和自己捆在一起，要实事求是。这个思想不解决，就只能讲过程。当然，过程要讲，主要讲极右派实质，毒害、反党、反中央、上下勾结。揭发批判提高水平。

另，到小组里和干部、群众一起，群众要问，要做准备。群众认识不上去的要提高认识。

计划问题，是一段工作，以计划组负责，思想不要狭窄，看大局。

生产方面把今年生产抓好，元旦、春节抓好，生产调度要抓紧。乎加同志关心，人不够可从局抽人。大体上有个分工。党一元化领导。积极发挥主观能动性。

专案组 20 人已组织起来了，由陈月娥来抓，和许萌同志照顾下。专题揭发。

杨士〈发〉法、孙家龙、梅寿椿，12 月 1 日去北京参加工业学大庆予预备会。

1976 年 12 月 1 日

上午，工交组大会。

金传德：工作组徐良图同志参加了大会，由许萌同志讲讲运动。

许萌：工交组机关运动在市委，工作组关心[一]下，开展起来，初步揭发了“四人帮”、马、徐、王的罪行，但距离要求还远。工交组在黄涛、陈阿大控制下干了大量坏事，问题非常之多，性质极为严重。现在揭发的问题是初步的，运动刚刚开始，运动深入两条，一是认真学习，二是领导带头学，带头揭，带头批，要求：

第一，认真学习，放手发动群众，掌握政策。反复学习 16 号文件，不断加深理解，提高觉悟，[掌][握]政治思想武器。了解情况比较多的同志，把广大群众充分发动起来。

第二，领导干部，特别核心组成员，带头学习，带头揭发，带头批判。运动以来，有的领导干部没有很好揭发，甚至影响到群众的积极性，这也是调动群

---

① 原文如此。——整理者注

众积极性的关键。核心组范围三个半天揭批，另三个半天到小组去。到昨天止已开四个半天，继续进行。

第三，抓住“四人帮” 极右实质，列专题一个问题一个问题揭批。十个问题，过去讲过，要侧重一个专题。用路线斗争、阶级斗争观点揭批。专案工作与群众工作密切结合，把一个问题一个问题核实清楚。

第四，加强对运动领导，总的由核心组领导，分工负责，各组有一个负责人抓运动，机关总支、支部在核心组领导下进行。

现在开始到12月10日前具体安排：

召开一次全机关揭批大会，12月7日开二三个半天，会议先由黄涛、陈阿大揭发交待，然后再批判。办几件事：① 继续开好核心组的揭批，已开四次继续进行。② 组织好群众性的揭批。③ 根据局的要求，对核心组同志意见多的，核心组同志去该组一起揭批。④ 认真组织好揭批发言，星期六〈一〉以前把发言组织好。

工作组同志很关心机关运动和生产，把这场运动进行到底。

金传德：根据苏振华同志讲话精神和工作组帮助，机构[有]些临时调〈正〉整，由于我们理解不深，对同志们交待不清，有些影响，现在重新讲一下。

11月24日晚，林乎加同志找计划组、工交组核心组开会，乎加同志提出三条线，运动一条线，组干组、秘书组和下边抽调一部分同志组成，由杨士〈发〉法、江岚同志负责。将来班子怎么改还说不上，还叫工交政治组吧！计划一条线，由计划组为主和工交组，由韦明同志负责。“四人帮”、黄涛、陈阿大过去不搞计划，不搞综合平衡。这个班子是临时的，至于机构、班子怎么改，以后再说。生产调度一条线，由唐光煊同志负责，先由生产组负责，力量不够可从下面借一些。要来50人问题，没有这个事。

基建组、外经组等还按原来分工。

良图：“四人帮”斗争，把“四人帮”在工交、经济战线的罪行，彻底揭批。上海市三位书记和中央工作组坚决依靠群众、发动群众搞好这场运动，〈在〉对马、徐、王、黄涛、陈阿大之流，一个不漏，彻底一网打尽。决心很大，坚决支持同志们斗争行动。在组织上要依靠、要支持，同时我们和同志们一道，在核心组集体领导下，我们在核心组一道揭批。我们也到小组一块揭批，宜将剩勇追穷寇，今后日子里，和同志们一道揭批。至于工交组、核心组同志们干了一些错事，说了一些错话，核心组领导同志倾听群众意见，群众帮助，有些需要交待，更主要的自觉进行。

这一阶段，群众掌握运动是比较好的。前一段，有的领导同志领导不〈利〉力。总之，目标对准"四人帮"，不搞层层揪斗，不要失去大方向。

关于组织三条工作线问题，主要在这大好形势下的措施。一不叫变动机构，二也不是体制改革，三也不是谁多了、谁干谁不干。

生产不能放松，要把国民经济搞上去。上海是工业的重要基地。不能老是上街游行，就要在党委一元化领导下，稳定下来，搞揭批。另，生产不能放松，"四人帮"、马、徐、王在工交组还有土特产，一件也不要漏掉。主要最后抓他们极右实质。如对给王洪文作调查，不能只说过程，而要说明阶级斗争、路线斗争。

领导和群众的矛盾要解决。

黄涛现在很嚣张，现在就要工交组给出题目，让他交待。

到铁路局与刘伯涛研究运煤问题

1. 安〈灰〉徽省委把淮南淮南矿发煤炭，7 日、8 日两天停发，安〈灰〉徽全部发往上海。

2. 安〈灰〉徽境内的几个站（合肥、马鞍山、蚌埠、裕溪口）积压的煤车，要立即转到浦口卸车。

3. 裕溪口港存煤炭 21 822[吨]（九江 9 379[吨]，上海 3 600[吨]，安庆 879[吨]），浦口存煤 16 349[吨]（安〈灰〉徽 10 717[吨]，武汉 5 000[吨]，上海 2 000[吨]）。

1976 年 12 月 8 日

下午，上海市节约用电计划用电经验交流会。

1. 纺织局发言：揭发批判"四人帮"夺取"三电"工作的更大胜利。

2. 玩具工业公司发言：为节约用电，大力开展技术革新。

3. 八一铸钢厂发言：抓节电先抓路线。

4. 上海电工合金厂发言：打好今冬明春计划用电仗，把"四人帮"造成的损失夺回来。

5. 第一百货商店发言：打倒“四人帮”，节电掀高潮。

6. 望亭电厂发言：省煤节电工作情况汇报。

7. 上钢三厂发言：增产挖潜，节约用电。

孙立余：电紧张。

一、影响：

1970 年 49.5，1975 年 47.5，今年最低 45。11 月 8—30 日，2 146 次拉电，减少负荷，685.4 万 kW，平均每天拉电 30 万 kW。

棉纱少产 1.49，自行车少产 1.1 万，缝纫机少产 1.9 万，钢少产 1.9 万吨，钢材少产 1.6 万吨，电石少产 0.3 万吨。

二、紧张原因：

“四人帮”破坏干扰，“四人帮”从来不抓电的建设和检修、管理。全网名牌 600 万 kW，现可发调度的只有 380—400 万 kW。

华东电网：水电缺水。新安江死水位 86 米，新安江现在水位 86 米，新安江最高水位 105 米。

周波下降影响：① 影响产量、质量，下降一个周波，产量下降 2%—6%；② 损坏设备，损坏汽轮机叶片，恶性循环。

1—9 月 22 种重点产品浪费电力 1.65 亿万度。

4 805 厂双人床，150 和 250 瓦灯取暖，2 个电炉烧饭、取暖，150 人都这样。每天用 1 000 瓦，每月电费 20 元，公出。

建立节电、计划用电机构。

要做好计划用电，办法如下：要有全局观点，三省一市团结起来。国家计委、水电部规定上海用电 152 万 kW，我们不宜超过。要解决：① 托儿所；② 交通；③ 粮食，不易解决。

冶金、纺织二个局执行节电好。

抓技术革新。

徐良图：在市委苏、倪、彭三位书记关怀支持下，上海节约用电会议开得很好，这个会是在市革委计划组、工交组和其他各组努力下开的，还有水电部、电力局的帮助下开的。讲二点情况供参考：

1. 全国的电力战线情况。全国电力职工狠批“四人帮”，11 月下旬比 10 月上旬增长 10%，中旬增长 4%，京津唐电网超过地震前水平，东北在〈沽〉枯水情况与去年同期水平，华东电网比去年增长 9%。在大好形势下，生产增长，用电增长。全国 40 个电网，不同程度缺电，原因是由于林彪和“四人帮”破坏，少装 500 万 kW 电力，拖了后腿，欠了账。华东[口]号 600 万 kW 发电，华东只要有 550 万 kW 就非常漂亮。但因水电〈沽〉枯水，目前华东有水电 170 万 kW 不能发电，只发 20 万 kW，辅机不配套。全国电力形势很好。

2. 缺电情况下，都要抓发电、供电、用电。计划用电，节约用电，群众办电。如都超用，周波低，对生产影响大。湖南 1975 年以来抓了三电工作，使工农业增产。沈阳市管电、用电相结合，1973 年用电增 1.4%，工业总产值增长 9%。天津市二年节约 2.1 亿度。上海市 1972 年前做了不少工作，后来由于“四人帮”、马、徐、王破坏。今后在三位书记领导、关心下，一定做好三电工作，作出更好成绩。“四人帮”和原上海市委某些领导人破坏抓革命促生产，破坏工业学大庆，叫嚷宁要社会主义低速度，不要资本主义高速度，把国民经济搞乱。

马、徐、王 1972 年后，叫嚷用电必保，不抓计划用电。1975 年全国计划用电会议不传达，还说消极平衡。

三电工作是文化大革命发展起来的新事物，国务院 1970 年三号文件提出三电工作。国家计委二次抓三电会议。三电方针是长期方针。

经验：① 各级党委亲自抓。② 保证重点，兼顾一般，供电、用电综合平衡。③ 多增产，少用电，用电有定额，挖潜。④ 计划用电办公室，当好参谋，督促检查，搞好交流。

各企业要总结自己单位经验，学习好单位的经验，学习全国的好经验。通过这次大会后，在计划组、工交组和计划用电办公室，狠抓。

唐光煊：主要是“四人帮”破坏，我们工〈作〉交组没做好。

××：计划用电要落实到班组。

1976 年 12 月 10 日

下午，上钢一厂。

1. 今年事故多。

全厂 1.8 万人，加临时工，共 2 万人，其中技术人员 400 多人，老工人 30%。自由操作多，基础教育、技术教育、三老四严的教育薄弱。

二个问题：① 不敢抓技术，怕说技术挂帅；② 不愿搞技术，不愿到炉前铸钢、浇钢，苦，责任重，工资一样，都是36元。

技术工种艺徒，17元(第一年)，19元(第二年)，21元(第三年)。普通工进厂36元，[第]三年还是36元，三年比艺徒[多]400元。

劳动力紧张，原因都不愿在前方。

化铁炉共9个(大的，经常开5个，12月开3个)，2个(小的，经常开1个)。

问题：缺焦炭。正常需焦炭1 400吨(5个化铁炉)，现供焦炭1 100吨(3个化铁炉)。平炉80吨×2，都开(设计30吨，解放前15吨)。转炉侧吹8吨×6，经常开4个。顶吹转炉30吨×3，开吹2。高炉：255 m^3×2。三喷，煤粉100公斤，氧气2 500—3 000 m^3/时，油70公斤。电炉0.5吨×2，铸钢，经常开一个。

2. 侧吹。钢铁料消耗1 330公斤，今年1月最好，消耗1 298公斤，正常应为1 250公斤。唐钢侧吹1 200公斤，上海侧吹1 450公斤。

1976年钢计划138万吨，〈予〉预计134万吨。

3. 钢种。

侧吹，焊条钢，螺丝钢，16 mm。

顶吹：矽钢，焊条钢。

平炉：钢丝绳，轴承钢，锅炉钢。

1976年12月11日

望亭电厂。

上午8:30从上海大厦出发去望亭电厂，11：15到望亭。

油库：1.5万吨×2，已有；0.5万吨×2，已有；1.5万T×2，在建中。日需油4 000吨。

1号机组，转子线圈漏水。2号机组，锅炉1 000吨/时出力，170公斤/平方厘米压力，550℃。集中控制室。

1960年代机组，1930、1940年代阀门。一台机4个班，每班30人，共120人。设备工艺不过关，辅机突出。噪音太大，工人说受不了。应有消音措施。

高压10万kW，中压12万kW，低压×2，8万kW，共30万kW。

双水内冷汽轮发电机，型号QFS-300-2，容量300 000千瓦，定子电压

18 000 伏，定子电流 11 320 安，3 相 50 周波，出品 1974 年 12 月。

上海电机厂共生产 30 万 kW 发电机厂 6 台，望亭 2 台，河南平顶山 1 台，电机厂坏 2 台，电机厂好 1 台（准备给安庆、淮南电厂，项目建委待批）。

1 号 30 万 kW 机组最长运行时间 46 天（因锅炉一个小阀门坏了，修 7 天）。

油：1 号（30 万）实发 28 万 kW，只能烧 7—8 小时，1 号机组停（28 万 kW）。2 号发 17 万（可发 20 万 kW）。老厂 11 台炉，10 机组，可发 22 万，现发 17 万。

54 米（机组高），相当 18 层。

风机：① 轴流通风机，风量 92 万 m^3/时，1 000 转，电动机 2 500 kW。

② 轴流通风机，风量 64 万 m^3/时，1 500 转，电动机 2 000 kW。

高压加热器放在锅炉进水前，水温可由 160℃升至 260℃。

汽机检修老工人：今天计委、一机部、水电部领导对 30 万机组非常关心、重视。今天反映情况，提些意见。30 万机组 1974 年生产。过去说 30 万机组缺员就是否定新生事物，所以过去不能提意见。

30 万机组问题：① 汽购机叶片断裂二次。② 震动大、多。③ 汽轮机注油泵问题大，目前找到些原因，正在……④ 高压调剂汽门，只到六个。⑤ 油系统中有水，有时 100 公斤，越来越严重，影响安全。⑥ 油档漏油，没有一个轴承不漏油。

汽机检修老工人：希望这次会能成为上海电机厂解决问题的起点。我们装叶片要花很长时间，但电机厂安装不负责任，叶片〈按〉安得不好，〈免〉勉强〈按〉安上交货。已经走过〈湾〉弯路的还继续搞。一次大修 30 多工人，掉 100 多度电。

××：① 上机厂不重视。② 30 万机组顶用的不到 5 万 kW，因检修时间长。1975 年是这样，1976 年好多了。③ 给我们使用单位扣帽子，打棍子，这样给制造厂质量不好，还有理。〈屑〉销子改进有问题，太小。

使 30 万 kW 机组，真正达到 30 万。

××:30 万机组二年了，有些问题因“四人帮”影响一年。① 质量问题。② 设计问题，问题暴露一、二、三次才下手解决，如注油泵去年就存在问题，但一拖再拖，能拖就拖。轴承钢心问题也看到了。③ 制造厂不具备条件硬干。

④ 缺高压加热器,不能满发。现在问题要有研究,否则……⑤自动化问题,汽轮机电调是先进的,但调节不是锅炉需要产生多少〈汽〉气,而是产生多少〈汽〉气,用多少油。⑥ 设计院抓的不紧,“四人帮”把 30 万机组作为炮弹打老干部。

××(锅炉):① 现在锅炉是能用,老师〈夫〉傅非常当心,调节不灵。锅炉管道前一时期爆破,使用由 7 天到 40 多天。锅炉 1 360 吨,偏差 14%,现在 450—460℃左右。② 阀门问题大,多种阀门,有 100 多个。③ 锅炉一般还能达到设计安全,但缺安全保护措施。设计要求 12 秒 5,现在二个老工人,20 分钟。④ 风机,噪音大,超过设计标准。⑤ 余热器,无高压加热器。总之,锅炉对阀门工作关心,请上级重点研究一下。有些工作请设计部门帮助工作。

××(电气):“四人帮”干扰破坏,对质量不重视,主要表现发电机,又特别在转子,电机厂共生产 6 个,主要技术问题拐角问题(水拐个〈湾〉弯),老机组用铜的。① 平顶山一台,很短时间断了。② 望亭一台,428 小时断了,只同意改 7 号、8 号线圈(出水线圈)。给〈同〉建议不听,最后同意 5、6、7、8 给换,只用 5 万机组推算。我们意见他不同意,累计……小时。给我们讲课,说 4 号为什么不能漏水,正在讲课中,4 号漏水,经打开,上海电机厂说焖火堵了,不是制造厂问题。虽说嘴不认输,后来都改成不锈钢转子。电机厂把 12 号机组〈按〉安装改了不锈钢拐角,拐角用 6 866 小时。第四台〈按〉安到平顶山,很快坏了。以上是设计上问题。

制造厂问题也有,1 号机组转子引线没〈按〉安装好,电机厂老工人也承认。这是“四人帮”产值挂帅[的]结果。

只想产品拿出来就行,不管质量如何,出了事故也不找他们,追求产值。

现在 1 号转子是制造厂第四台、第五台,第四台转子更差,平顶山很快就坏了,这是第五台。建议把第六台新安装完在 1 号机组换上,希望领导支持。

沈阳变压器厂质量较好,上海变压器厂没有一台不漏油的。

管燃料同志:原设计老厂局部烧油,现全部烧油,胜利油田 36 小时到上海,可卸 3 000—4 000 吨油(需铁路配合好),每天用 4 000 吨,现在可卸 2 000 多吨。老厂二条卸油线可卸一条龙(2 300 吨),新卸油线增加二条,刚设计完。

最多卸油均匀每天卸 4 000 吨,突击来油卸不了,一次只卸 34 节,一个油龙 50 节,需卸 2 次(一次 9 小时,二次 18 小时),不来油就叫,主要新卸油线未上去。

××:30 万大机组,优越性大,效率高,人员少,省材料。① 先造设备后搞科研,如风机,运到发电厂运行出了问题才……。② 配套无人管,从锅炉到汽轮机的配套有问题,应有统筹安排。管基础,不管汽轮机。③ 重主轻辅,只看主机看不到辅机,对辅机不重视,一台机组〈起〉启动需 100 多人在现场,仪表都不准。④ 大型机组要向更高更先进研究。现发电机和科研有矛盾。

晚,讨论怎样贯彻完善化工作。

1. 组织工作。

2. 几个突出问题攻关,阀门问题、自动化问题等。

3. 检修的配品配料如何解决,已报工交组。

4. 12 号机组大修会工作。

5. 大机组试验研究工作没有,建议恢复大机组综合科研机构,过去有汽轮机综合研究所。

××:1. 组织工作要做好。

2. 厂里能做好的一定做好,如〈伐〉阀门、风机、水泵、仪表,风机加工力量不足。

3. 希工交组下二局(一机、电业),经常组织。二年来有成绩,连续运行有成绩,第一年 230 小时,第二年 800 小时,第三年 1 105 小时。锅炉厂一同志与电厂研究燃烧器一年多。

一机局:11 月 18 日一机局与电业局研究的项目,1977 年达到安全,满发落实,如何组织。组织落实,措施落实。

电业局:1. 1 号机组转子如何办?

2. 组织定一下。

一机局:1. 应当有一个强有力的领导班子,缺少经常性的专业班子。

2. 有些问题比较棘手。(1) 如阀门,特别大型电站上来后,高中压〈伐〉阀门数量上满足不了。锅炉用的〈伐〉阀门品种〈大〉多,现在只是一个锅炉厂的车间搞的,数量上欠债,品种少,技术落〈上〉后,工艺落后,只是个放大几倍。所以,① 关不严,打不开,需要有电站〈伐〉阀门系列化,但没有制造厂。② 缺少试验基地,当务之急。③ 电动夹。(2)要满发就要解决高架,材料不理想,打眼技术没掌握,内径不圆,试制没过关,江南造船厂是临时协作任务。30 万

kW 用管子,冶金局 15MnT(成都钢管厂生产),19×3%,14 米高,55 吨重。一个高架有 1 500 个孔。补一部分,焊一部分,有许多技术问题。

安全,经济,满发,高架问题。

一个机组 3.5 万台件,大小阀门 2 000 多个组成的,重量 1.3 万吨。

范崇星:组织领导问题,回去和核心组报告一下再定。

高压加热器:要求一季解决攻关前提下,拿出一台,会议上专门研究一下。

高:有些需一机部安排。

一机部王局长:计委看安排〈那〉哪个厂锻造。

13 日转子拉出来。

15 日对轮送回厂里。

淮南电厂 6 号机转子。转子星期一晚 10:00 转子 可抽出,明下午 3:30 电机厂领导去上海大厦,讲二个方案,一带工具到厂,二车准备好。

望亭运到厂缺机车头,办法:① 专用机车;② 铁道部给一辆。

工作组要求:30 万 kW 机组没鉴定前不能生产,这样最早需 12 号机作鉴定(制造部门意见),13 号机作鉴定(生产部门意见)。

完善化关键是明年一季大修,但准备工作不落实。12 号机(1974 年 9 月 21 日投产),13 号机。

1976 年 12 月 12 日

上午。

无锡蓄能电站,60 万 kW 装机,10 万机组 6 台。建厂条件有,130 万立方米混凝土,主坝;投资 8 000 万元(坝);总投资 2.6 亿。四分之三围山,石英石山。建设时间,5 年。

建议明年先干不花钱的工作,大量花钱是二年以后,需先〈订〉定设计项目。设计规模已做好,正式设计尚未做。

330 k×1.35=450 k。

20 秒钟就可以开起来。

有效库容 1 700 万立方米,全部库容 3 400 万立方米。

用 4 度电换 3 度电。

下午 5:00 从无锡到上海大厦。

一、到望亭看了电厂，同时听了 30 万机组完善化座谈会，听取了老工人意见。

1. 共 13 号机组(其中 11 号未建成)。

1 号至 4 号，名牌出力，2.2 万 kW(捷克)，最高 3 万。

5 号至 6 号，名牌出力，0.6 万 kW(国产)，最高 0.7 万。

7 号至 9 号，名牌出力，2.5 万 kW(匈)。

10 号，名牌出力，3.5 万 kW。

小计，21 万 kW。

11 号，未建。

12 号，即 30 万 kW(1 号)，可发 28 万 kW。

13 号，即 30 万 kW(2 号)，可发 20 万 kW，缺风机。

小计，60 万 kW，可发 48 万 kW。

累计，实发 69—70 万 kW。

2. 听取工人、工程师意见，主要对 30 万机组意见。如：

① 过去对 30 万机组不敢提意见，谁提意见谁就否定新生事物，工人们憋一肚子气，30 万长期不过关。

② 电机厂〈按〉安装不负责任，叶片不合格还〈按〉安上。

③ 30 万机组检修时间长，事故多，二年事故 46 次，今年一年 18 次。

④ 注油原问题，一拖再拖。

⑤ 缺高压加热器不能满发。

⑥ 汽轮机叶片断裂二次。

⑦ 震动大(风机)。

⑧ 锅炉调节不灵。

⑨ 各种〈伐〉阀门都有问题。

⑩ 质量问题，表现在发电机、转子、拐角处，要求给换，制造厂不理，后同意给换部分线圈。

⑪ 卸油问题(见 134 页、135 页)。

⑫ 总工程师发言(见 135 页)。

3. 研究几件事。

① 把完善[工][作]健全起来(工交组、机电一局、电管局),经常办公,研究完善和鉴定。

② 1号机组(30万)转子线圈漏水问题,明天停机,老工人看后定,须检修立即检修,需时间长立即把现有的从电机厂运去换上。

二、看了无锡蓄能电站(见140页)。

1976年12月13日

节约用电传经送宝。

沈阳市电力办公室高[×][×]:加强党的领导,坚持计划用电。

1. 工业用电占全市75%,缺电25%。体会:

① 提高路线觉悟,人民电业人民办,人民电业为人民,克服管用、管电、管生产要结合起来,过去只管供不管用,用电部门多超,管电部门乱拉现象严重。大家说:“过去供用分家,现在供用结合”。把电管活了。

② 坚持长期方针,克服权宜之计思想。从社会主义长期性,经济计划性去认识。

③ 克服本位主义思想,想全局为全局,做到给多少用多少,1975年一季、四季电下降15%,改变休息日和班次。

2. 加强党的领导,实行三级管理,抓好分、营、调、用四个环节。三级管电办法,工交组组长,市革委〈付〉副主任兼任计划用电办公室主任。

沈阳标准件厂孔庆之:职工3 100人,生产6 000个规格标准件。1972年比1971年总产值增加7.29%,1973年比1972年增加12.16%。耗电定额提[高],1974年比1973年增加26.5%,耗电定额减少9.3%;1975年比1974年提高12.7%,耗电定额减少14.1%;1975年比1971年增加62.2%,耗电定额减少63%,节约4 600度。

做法:1. 提高认识。需电3.4万kW,实供2.7万kW,开始有抵触思想。首先开展三查三破三立,一查见物不见人,二查计划用电,三查浪费。有些人是以电定产。

计划用电,节电又增产。

抓三个环节:① 抓组织领导,厂设三电领导小组,车间设节电管理网,小组有管理员。② 措施落实。③ 抓宣传教育。

2. 全心全意依靠广大群众,人民电人民管。

改硅〈正〉整流后,节电。人走灯灭。

3. 独立自主,向技术革新、技[术]改[造]要电,改造回火炉节电 20%。

西安冶金机械厂:电炉炼钢如何节电的?

让峰抢容工作,做法:

1. 党委重视。

2. 发动群众。

3. 加强措施。

4. 协作组加强工作(27 个企业)。

电炉用电,660—700 度。

湖南省湘中供电局:加强党的领导,狠抓三电工作,水电为主小电网,装机容量 520 万 kW。

天津:

1. 节电保生产。

2. 三电工作怎么开展的?一户节电全线受益。以大保小,大厂多压,小厂少压。限电改为〈贡〉供电。党委既管生产,又管节电。厂有三个节约小组,车间有节电小组,小组节电员。

3. 路线是纲。

每天 8:00 前,各单位停开设备报线路委员会。

华东电管局党委张少志:华东电网电力和电量缺少 20%。上海、江苏、安〈灰〉徽等 16 台大型机组,事故多。当前工作,① 发动群众,开展设备大检查。② 抓好设备完善工作。③ 今年底明年初华东还有 20 多万 kW[可][以]充分发挥出来。

孙立余:热烈欢迎给我们传经送宝。他们好在认真执行〈按〉鞍钢宪法,做到了三落实。过去"四人帮"夜郎自大,破坏了各省的关系。我们要把发电计划,用电计划搞好。过去"四[人]帮"只管用电,不管节电,组织上有个节电办公室,图章都没有,其他省市由领导同志负责抓。这些[是]"四人帮"破坏结果。措施上不落实。现在"四人帮"倒了,在市委领导下,学习各省市经验,有条件搞好。明天布置明年一季度国民经济计划,应打一场人民战争,把一季完成更好。办法：① 学习今天用电先进省市经验，结合各单位具体情况，把计划用电搞好，形势越来越好。中央重视，煤油按量供应。② 过去我们组、办、局学习抓得不够，过去“四人帮”扣帽子，说给文化大革命抹黑等。③ 建议，按计划发电，分电搞好，用电管好，管电搞好，调电搞好。请到会同志认真讨论。思想上落实，组织上落实，措施上落实。

请同志们回去向党委汇报。

下午，上海市区县局党员干部会议。

倪志福：今天召开区县局党员负责干部会议，主要议一下如何贯彻中央23、24号文件，传达汪东兴同志在中央宣传会议讲话。三个内容。

中央23号文件原发到省军级，后通知县团级。经过调查研究，起草了一个通知，所以，今天讨论市委贯彻23号文件通知，晚上传达汪东兴同志讲话。最后，彭冲同志讲对今后运动的〈布〉部署。

严佑民：市委领导同志要我对贯彻23号文件，市委拟一个通知，作一说明。

一、“四人帮”要害是篡党夺权，复辟资本主义，“四人帮”采取打击陷害反对他们的人，毛主席批评过他们。现在我们有了自己的领袖华主席，一举粉碎“四人帮”，“四人帮”在上海这个发源地。重新处理反对“四人帮”的同志，这一工作做好了，可进一步发动群众。

二、认真做了纯属反对“四人帮”的案件。经市公安局处理的2 500个案件，这是很不全(防扩散)。反对“四人帮”的大于40—50%。市委、市革委的专案办公室39件防扩散中有22件反江青的，有6件是逼供信(假的)。所以在上海重新处理这些案件是一项十分重要的事情。重证据，重调查研究，严禁逼供信，坚持实事求是原则。处理过程中遇到复杂情况时，如有的人主要反对“四人帮”，同时还有一些错误言论，处理时要经过调查研究，实事求是，区别不同情况的原则。由公安、法院、武装部门等都专门组成专门小组处理。或由原单位处理的仍由原单位重新处理。过去特大案件，要经过调查研究妥善处理。处理中认真做好善后工作。如①纯属反对“四人帮”的人，对其判决书、口供等当面烧毁，背着本人装进档案的拿出销毁。② 照发工资。③ 安排工作，原单位安排，工人回到原单位。④ 被逼死亡的要向家属宣布，有生活问题的给以补助，对家属子女受到影响的应消除。

三、党委加强领导。问题多的单位，党委有一人专门负责。上海造成问题责任在市委马、徐、王，不在于办案人。不冤枉一个好人，也不放过一个坏人。

晚，继续召开区县局党员负责干部会议。

倪志福：王一平同志传达汪东兴同志重要讲话。

王一平：11 月 18 日下午，汪东兴同志重要讲话。（略）

彭冲：同志们，这次市委召开的区县局党员负责干部会议，传达 23、24 号文件，严佑民同志对贯彻 23 号文件作了说明，刚才王一平同志传达汪东兴同志在宣传会上讲话，中央成立宣传口，市委也成立了宣传口，由王一平、车文〈一〉仪、陈〈景〉锦华同志负责。我们要认真学习贯彻，迅速掀起揭发批判“四人帮”反革命罪行的高潮。

现在我根据市委常委讨论的讲二个问题：

一、传达贯彻中央 24 号文件，进一步部署当前运动问题。

华主席最近指示，我党粉碎“四人帮”伟大胜利，我国形势一片大好。上海形势也如此，群众已经发动起来了，运动已经纳入党一元化轨道。大学习，大揭发，大批判正在有计划展开。革命轰轰烈烈，生产热气腾腾，当然我们应看到前进道路艰难，取得伟大胜利只是初战胜利。现在任务就是响应以华主席为首党中央伟大号召，组织党员和群众认真学习中央文件，进一步掀起揭发“四人帮”新高潮，打一〈仗〉场彻底埋[葬]“四人帮”的人民战争。

当前运动怎么搞，苏振华同志在区县局会议上已经讲过，我再讲几点意见。

1. 继续加强学习，进一步发动群众。在运动中始终把学习放在首位，关键是在始终。武装广大干部和群众头脑，在斗争中认真学习马列著作和毛主席著作，特别学习毛主席关于无产阶级专政理论和毛主席批判“四人帮”一系列指示，学习华主席一系列讲话和党中央文件，加深[对]两项伟大胜利重大现实意义和深远历史意义的理解。这是〈搞〉部〈好〉署运动的前提，也是搞好运动的前提。

汪东兴同志讲话对加深理解中央文件有很大帮助。加深对党的政策理解。这对牢牢[掌][握]运动大方向，使运动健康发展有重大意义。各单位对运动要具体安排。坐下学,认真学,反复学,发挥理论队伍,举办各种类型学习班,运用各种宣传活动,把学习开展起来。

2. 牢牢掌握斗争大方向,掀起揭批"四人帮"新高潮。中央文件附件之一,要发到班组,要印50多万份,要先学习再宣讲。24号文件和附件,市委立即印发到基层。领导干部亲自宣讲,做到家喻户晓,人人明白,要反复讲。要使干部群众认识到实质上是中国共产党及其领导下的人民群众和国民党反动派的长期斗争继续,是无产阶级和资产阶级斗争继续。对中国,对世界都有现实意义和历史意义。要紧紧抓住"四人帮"的要害,完全背〈判〉叛毛主席"三要三不要"原则,篡党夺权阴谋。相当多材料是上海材料,上海一小撮余党。各区、县、单位,召开批判大会,进一步促[使]马天水、徐景贤、王秀珍同志交待问题,已监护的黄涛、陈阿大、黄[金][海]、汪湘君,在本单位各口开群众性大会。

对坚持反动立场的,恶毒攻击华主席,破坏抓革命促生产的现行反革命分子[要]坚决打击,不能手软。市委在最近分区县召开宣判大会,镇压一批现行反革命分子,处理一批,枪毙,进一步加强无产阶级专政。在揭批"四人帮"总目标下,把95%以上干部群众团结起来,增强党性,消除派性。要宣传毛主席大江南北指示,"工人阶级没有根本利害冲突",共同对敌,防止层层揪斗干部,防止点名批斗,定案的要经上一级批准(注意不是不要群众批评,借口搞是不行的,即群众对领导提意见不在此例)。

3. 认真抓好典型,不断总结经验。各口(组办)各区县局深入区县局了解情况,抓典型,调查研究,总结新鲜经验。各口可开些经验交流会议,推动运动展开深入。推广先进单位经验,市委在此基础上召开全市的经验交流会。对过去二个多月来运动情况,各口进行一次小结,发扬成绩,克服缺点,乘胜前进。

4. 进一步加强党一元化领导,运动中搞好党的领导班子。运动能否搞好,关键在领导,对这场斗争的态度是对同志的阶级立场考验。"四人帮"是穷凶极恶的反革命分子,是历史反革命,也是现行反革命。东兴同志讲对"四人帮"不要抱有幻想,各级领导干部一定要立场坚定,旗帜鲜明,敢于领导,善于领导,在运动中经受锻〈练〉炼,加强健全领导班[子]。在斗争中巩固发展无产阶级文化大革命胜利成果,注意老中青三结合,积极支持新生力量和新生事物。三个正确对待。对态度不端正同志进行教育。过去"四人帮"用帮会代替党,严重破坏党的传统。我们一定遵照毛主席一再强调三要三不要原则,努力发扬我党优良作风。现在各单位大字报已逐渐贴到指定地点,有的大字报、大标语已经脱落了,如欢呼二个伟大胜利已经脱落。最近有几批重要外宾到上海,二个[在]元旦,防止泄密、失密。所以,有必要把街上大字报清理一下。各单位做些思想工作,在 20 日左右统一行动,把街上大字报清理一下。今后各单位在内部开辟地方贴大字报,说服群众不要把大字报贴到街上。

二、如何贯彻中央 23 号文件问题。

中央 23 号文件一定要有领导、有步骤认真贯彻。特别在上海过去受"四人帮"控制下,贯彻 23 号文件更有重要意义。如何贯彻提出几点意见:

1. 一定要当作一次严肃政治任务办。中央 23 号文件是华主席、党中央对广大干部群众极大关怀,是揭批"四人帮"有力措施。对当前揭批"四人帮"一致的。"四人帮"为了篡党夺权,大搞资产阶级专政,大搞法西斯专政,凡反对"四人帮"就扣帽子,打棍子,实行白色恐怖,迫害一大批革命干部。进一步激起对"四人帮"极大仇恨。所以这不是一项具体工作,是严肃政治任务,要做细致思想政治工作。一种被整的,一种整人的,有一种是揭发的,都针对"四人帮"。

2. 一定要在各级党委统一领导下,分工负责,建立专人负责抓。在上海贯彻 23 号文件工作量相当大,政策性较强,没有专人负责,专门班子难以完成任务。区县局、企业、大专院校、研究所,三五个人专门班子处理。

市委分工由周〈春〉纯〈林〉麟、严佑民同志负责,建立十几个人专门班子抓。各县区局贯彻 23 号文件,请示他们。如检举问题、工资问题等问题较复杂,要开若干次的专业性会议。

3. 一定要按照党[的]政策,实事求是加以处理,陷害案件根子在"四人帮",责任在市委马、徐、王等人,我们一定把仇恨记在"四人帮"[身][上],牢牢掌握大方向,不是反对"四人帮"而是要翻案的不行。具体事、具体人具体分析。对过去涉及面广的,一定要分别情况有步骤解决。如 1968 年"四·一二"炮打张春桥的,要坚决重新处理。有的情况不清的,首先调查研究,区别情况,区别性质,然后处理。不准成立任何形式战斗队,不许串联,不许到社会上去,不许另外擅自开会。领导上表明态度,耐心做工作。我们只有坚决按党的政策办事,进一步发展大好形势。

同志们，上海当前形势大好，各级领导把群众积极性调动起来。目前煤电供应不足，煤炭紧张。华主席讲供应对上海要支持，当前困难是暂时的，要做说服工作。相信群众，依靠群众。明天开计划会议。各种定额比过去有提高。财政稍微努力就可以上来，如钢材库存70万吨(相当中型钢铁厂)，充分挖掘潜力。供应市场搞好一点，进一步发展大好形势。开一个会把明年一季生产安排下去，各区、局、企业搞好。

保卫治安工作进一步抓好，犯罪的多一些，公安、民兵要起作用，要特别重视，巩固无产阶级专政。

同志们，让我们在华主席领导下，把社会主义革命进行到底。

交办事项：

1. 煤炭日报直送苏、倪、彭、乎加、良图。(已告支仲余)

2. 轻纺用电问题(已告虞云琴)。

3. 唐光煊大字报问题(许萌)。

4. 华东电管局：① 1—13日来煤、来油情况，按日报一下，计划、实际，分省发多少？欠多少？② 望亭来油、来煤，1—13日计划、实际多少？

5. 问郭文祥，望亭油龙每天发运情况，望亭来油龙每天电话报一次。(郭文祥说：每天8—9时李国青来电话。)

1976年12月14日

下午，关于1977年第一季度计划会议。

韩哲一：根据市委指示，召开区县局负责同志开会，布置明年一季计划，请韦明同志讲话。

韦明：

一、目前上海经济情况。当前上海经济形势大好，全市1 000万人，热烈拥护华主席为党中央主席，热烈拥护粉碎“四人帮”的伟大胜利。人心大快，斗志昂扬。社会主义建设新高潮，很快就到来，各条战线捷报频传，出现不少先进事例。

中央、国务院对上海非常关心，中央各部、委也是大力支援。如煤炭，中央、国务院亲自抓。登奎、秋里、谷牧同志找各省、部同志开会，在上海的各部委同志也支援。99 万吨煤一吨不能少。

上海本身潜力很大，各行各业都有很大潜力，特别原材料，单耗高，浪费大，废品率高，库存不小。只要大家想办法，困难很快会克服。

二、明年一季任务。根据国务院批转国家计委关于 1977 年国民经济计划精神，明年是战斗的一年，要打好一季度仗。争取明年一季比 1976 年一季有更大前进，因“四人帮”被打倒。所以，明年一季想法：

1. 抓好郊区农业生产和支农工作，为夺取农业大丰收打下基础。郊区农田水利建设抓好，特别抓好油菜管理，争取明年夏季全面丰收。各行各业都要加强对农业支援。多生产配件，明年狠狠抓配件生产。农业泵明年生产 12 550 台，比 1976 年增长×%。合成氨一年 4.4 万吨，保持 1976 年一季水平，要注意节约，煤耗大。

2. 努力增长轻工市场产品，支援全国市场，搞好元旦、春节供应。

轻纺，比今年一季增长 4.5—5.9%，日产水平超过 1976 年四季度。增产棉纱、布、尼龙、自行车、缝[纫]机、手表、电视机等产品。104 种产品尽量完成。轻工市场，出口产品所需原材料、电、燃料要安排。努力提高产品质量。搞好春交会准备工作。商业部门搞好收购工作。今年元旦、春节，对烟酒糖果等力争多供应，〈争〉增加花色品种。粉碎“四人帮”，人民喜洋洋。

3. 重工业生产，要发扬全国一盘棋精神，坚决根据国家急需肯挑重担，啃下硬骨头，增加原材料生产。

一季度钢 85—90 万吨，钢材 64—68 万吨，铁 27.5 万吨。

水平不高，重点放在节约焦炭、电力、钢铁料、矿石的消耗。加强管理，减少事故，节约中夺高产。同时，狠抓钢材品种质量，发展短线。努力增产矽钢片、焊条钢、农具复合钢、异型钢、〈予〉预应力钢筋。

化工原料明年一季金山卫投产。化工原料 3 万吨，聚乙烯×万吨。医药药品增产。化工原料平衡。

机械工业任务重，组织大协作，大会战，啃下硬骨头。如电站辅机高压加热器。1965 年 12.5 万发电机组 30 套，只有 5 套有高压加热器，明年配套 26 套和 3 套当年生产，共 29 套。明年上半年把 12.5 和 30 万 kW 配齐，一季 12.5 万 kW×3 和 30 万 kW×1 配齐。明全年争取 5—10 套。小化肥设备今年底三年承担 420 套设备，只交齐 70 套，有 350 套缺口，明年要还清欠账。

国防工业生产另行安排。

4. 认真抓好电力、运输两个先行。电力是薄弱环节。

明年一季为42.5万亿度,比今年增10%,要求电厂满发,要搞计划用电和节约用电。各单位要有人负责。措施落实下去。最近沈阳、天津、西安、湖南送宝上门,要学好。

一季交通运输工作繁重,港航协作好,把积压物资运回。铁路要畅通,一卸二排三装原则。

轻、纺、一机、化等五局到兄弟省市分配给上海40万吨小窑煤拉回来,一定想办法运回来,加强调度。

5. 基本建设,坚决贯彻集中力量打歼[灭]战方针。明年投资3.8亿元(国家计划),2.0亿元(地方自筹),合计5.8亿元。比今年少一半,除金山卫投资下降四分之一。投资减少了,只要集中力量打歼灭战,踏踏实实做好工作。

明年一季基建按国家计委指示,按年度70%安排。原则:

第一,按农轻重次序,分别轻重缓急排队,对农轻重,市场优先安排。

第二,在建的、工作量少、收效快、扫尾竣工项目和对人民生活有关的工程抓紧搞好。

第三,建设周期长,又是当前国民经济建设急需的也适当照顾。凡不是国家急需,审批手续不完备,建设条件不具备,工艺不过关,建设方案未定,原材料、运输等未定的项目,暂缓。基建的目的是更快收效。对暂缓项目,做好维护工作。一季263个项目,投资34 500万元,其中大中型22个,占总投资66%。其中半连轧、照〈象〉相机……小型项目238项,占总投资34%。今年一季没有一个投产,明年一季要40个项目投产,交付使用,人财物要安排好。

6. 厉行节约,以节约求增产,求速度。

① 电力,关键抓计划用电,节约用电。

② 煤炭一季煤230万吨(1976年一季231万吨),其中洗精煤70万吨,因唐山2 500万吨影响大。

③ 钢材〈予〉预拨35万吨(1976年50万吨,少15[万][吨])。

④ 铜比1976年少一半。

消耗高,浪费大,100种产品76种。多耗煤72万吨,焦13万吨,钢铁料23万吨,电2.7亿万度。

钢材库存 70 万吨，周转 7 个月。国家规定 4 个月。

库存设备大。

明一季，煤节约 12 万吨，焦节约 2 万吨，重油节约 2 万吨，电力节约 6 000 万度。钢材存库 4 万吨，节约 1.4 万吨。

主要原材料单位消耗计划，以局为单位研究。

设备库存，最初查为 70 亿，后核实为 24 亿。

7. 努力实现增产增收，严格财政纪律，降低成本，增加财政收入。

1977 年一季度工业总水平 108 亿，1977 年比 1976 年增长 3.3%，1976 年比 1975 年增长 2.8%。

财政 28 亿，1977 年比 1976 年减少 2.4%，可比财政下降 1.5%。

行政事业费用比 1976 年减少 10%。

严格资金管理，扫仓库。

严格控制劳动计划指标。

抓好下面〈二〉三个工作：第一，放手发动群众，讨论明年计划。每个企业定出三赶计划，凡落后本单位历史先进水平要限期赶上；赶超同行业先进水平；赶超国际先进水平。第二，党委加强生产、计划的领导。批“四人帮”摆正政治与经济、技术，敢于抓生产，抓革命促生产，党委要把生产摆到日程上去。加强生产指挥系统。第三，抓典型，以点带面。

韩哲一：

“四人帮”，你抓生产——唯生产力论；你抓制度——管卡压；你抓生活——物质刺激。

从现在到 1980 年一个新项目不上还要花几个亿。例如有一个项目，新车站 7 000 万元计划，但实际需 2 亿。

1976 年 12 月 16 日

上午，研究金山电厂问题。

良图：12 月 4 日，先念、秋里、谷牧同志到金山，对开工问题很关心。12 月 1 日《解放日报》(增刊)也登了。秋里同志批示：请宝华、顾明同志阅。我建议由有关部门同志研究一下存在的问题，提出解决办法，组织一支队伍去，帮助上海一下。

李云刚(化工总厂核心)：电 47.5 以上才能生产，在 47.5 以下不能生产。三种方案，① 大电网，白天经常在 46.5 左右。② ……

走小电网路子，外国人要求周波 48 以上。当前电问题是金山工程能否投产的关键。

华东电管局：……

电厂：6 月份又进行试验，用小网试，不安全。12 月 10 日又进行试验。用什么电器接线，解决安全问题，厂内问题自己解[决]，外部问题请领导解决。

良图：我们对这项工程能否投产，心中无底。因此，国务院领导同志也心中无底，督促，帮助。提几个问题：

1. 今年 12 月下旬投产，能否下决心。如可能，争取战斗，不拖到明年。

2. 各方面负责人必须分兵把口，在范围内不出问题，总指挥全面考核。设备应达到 50 周波。47.5，这不是个周波，最低是 49，只能保机器转，这是什么保证。

华东大电网是十分困难。

3. 是否需要中央各部帮助？总指挥部党委和计划组、工交组要认真考虑。是否要别单位帮助？

4. 几个问题。① 施工安装上有无问题，质量能否保证。② 闸、阀能否保证？③电站怎么保证？调速器有问题时，汽轮机厂要负责。包括大电网，小电网。④ 所有各环节，能否不出问题，岗位保证。⑤ 外部困难有几条？现在工作散，意见大，投产遥遥无期。⑥ 投产前组织临时领导小组。

汽轮机厂：金山是 5 万 kW 机组，新产品，容易〈在〉被动，拟于下星期一再试。

良图：请工交组、基建组全部出动抓电问题。华东电管局亲自抓，工作组也参加，成立小组，由基建组负责，集中力量解决电问题。同时，准备第二套电源方案。工交组核心组定，今天下午开会。总目标，12 月底以前。

1976 年 12 月 18 日

上午，乎加同志听取半连轧情况。

乎加：把主席到过的厂要整理出来。把高炉扩大到 500 $m^3 \times 2$，铁少外调。批“四人帮”，提高阶级觉悟，进行阶级教育。大庆搞三四个月阶级教育，提高革命事业心。在此基础上搞岗位责任制。从基本功开始搞阶级教育。

有阶级觉悟，有革命事业心，才有岗位责任制。不要忘记阶级教育，不要忘记以阶级斗争为纲。

上钢五厂（冶金局党委办公室朱家栋汇报）：大字报点名五人，华国瑞、刘作思、王炳华、杨博、林跃华。大字报内容，① 1975 年 8 月 15 日王洪文去过五厂一次。② 批林批孔。③ 王炳华放炮。④ 厂内浮夸风，文风不正。

乎加：上钢五厂狠批"四人帮"，讲阶级教育，讲工人受剥削，成为市工业学大庆先进单位。搞些经验。抓革命，阶级斗争、基本路线教育，批"四人帮"，提高工人阶级觉悟，在此基础上促生产。

全冶金系统研究批"四人帮"经验。

1976 年 12 月 19 日

下午。

乎加：苏政委交待任务向中央汇报材料。

1. 揭批"四人帮"两个月来变化。

2. 当前存在问题？

3. 明年设想？

三个题目，给中央写个书面材料。

1 kW＝4 吨煤（油），上海一年需 2 000 万吨煤。

电网，220 万 kW。

上海一年 960[万]吨煤，1 250[万]吨油，计 2 200[万]吨。

良图：1. 上海革命形势发展很好，揭批"四人帮"形势发展快。① 武装叛乱未动一枪。② 运动发展快，国民经济未受影响，抓革命促生产形势好。③ 群众发动好，揭发批判深入提高。造成恶果，祸害。④ 破坏主席路线，流毒，比经济受损失还大。

2. 国民经济生产工作，工交战线大好形势。中央各部支援上海还好，有关省很努力。基建收尾四季没有显著效果。

金山卫■■机进 10 万 kW，出 2 万 kW。（乎加：查清楚，资产阶级知识分子专政，要机电一局追查设计。）

3. 问题。

乎加：报告包括工、农、财。

任：11月份，农〈付〉副产品收购增长8.6%，外省调入增长21.8%，市内收购减少10.6%，市场供应稳定，出口任务减少5.3%，财政收入■比去年同期减少5%，银行贷款增长，城镇储蓄增长5.1%，货币回〈龙〉笼比去年同期增长33%。

剥"四人帮"的十张画皮

1. "四人帮"不是"文化大革命的功臣"，而是破坏文化大革命的罪魁祸首；

2. 不是"文化大革命"的旗手，而是篡党夺权的黑手；

3. 不是"正确路线的代表"，而是党内资产阶级的典型代表；

4. 不是"左派"，而是极右派；

5. 不是"马克思主义的理论家"，而是资产阶级的野心家和阴谋家；

6. 不是"新生事物的支持者"，而是破坏者；

7. 不是毛主席的"学生"和"战友"，而是陷害毛主席的凶手；

8. 不是批林批孔和批邓的"英雄"，而是反党乱军的元凶；

9. 不是限制资产阶级法权的"模范"，而是扩大资产阶级法权的吸血鬼；

10. 不是批判唯生产力论的"真革命"，而是破坏国民经济的反革命。

批判了：

1. 江青宣扬吕后、武则天，自己想当女皇帝的反革命罪行。

2. 编了"江青和吕后"、"狄克和张春桥"、"神童和秃笔"、"吸血鬼和工人领袖"等故事。

揭发黄涛两件事

1. 1976年计划会议上，黄涛对唐光煊讲，计委要调范崇星，不给。计委都是些老家伙，长时间蹲机关，都是老一套，去个小范顶什么用。

2. 1976年7月，计划工作座谈会上，黄涛在上海小组讲："你们都要发言，各省也要发言。"并给我们每个人出了题目，给于祥年出的题目是"数学里面有政治"，给陈士鹤出的题目是"国家计委是右倾翻案风的风口"。这样，我们这些在历次计划会议上都不发言的人，这次全部发了言。

一、冶金系统57个单位,运动分三个类型:

1. 党委主要成员立场坚定,旗帜鲜明,积极领导运动,加强对群众的思想政治工作,敢于领导,敢于负责,站在斗争的前列。带领群众,带头学,带头揭,带头批,把自己摆进去,革命轰轰烈烈,生产热气腾腾。如上钢三厂、异型钢管厂、上钢二厂等。这类企业占三分之一。

2. 党委内部有些人受"四人帮"的影响,说过一些错话,做了一些错事,群众有意见,自己又不能正确对待,怕字当头,党委对运动领导不〈利〉力,行动迟缓;也有一些单位抱着等待上级部署的思想,一般的办点学习班,运动声势不大,这是多数。

3. 少数单位,特别[是]"四人帮"和马、徐、王插手干坏事,搞破坏的个别企业,群众对领导的意见较大,领导班子对一些问题的看法思想不一致,有的思想不通,有对立情绪,党委对运动的领导很不得力,受到群众的批评,领导处于被动状态,如上钢一厂、机修总厂。这类企业占1/10。

二、冶金系统前一段初步揭发的问题主要有以下几个方面:

1. "四人帮"和马、徐、王对抗毛主席关于"工业学大庆"的重要指示,否定"鞍钢宪法",在上钢五厂另搞一套,妄图为他们篡党夺权,推行反革命修正主义路线,复辟资本主义〈复〉服务。

2. 批林批孔时,野心家江青把工人批林批孔的成果窃为己有,加以篡改,塞进了批中庸之道的黑货,派其亲信迟群、谢静宜窜到上钢五厂,又是送材料,又是游说,恶毒影射、诬蔑攻击敬爱的周总理。1975年大工贼王洪文窜到上钢五厂,煽动五厂要"搞出自己管理企业的一套",与毛主席亲自制定的"鞍钢宪法"相对抗。马、徐、王紧跟"四人帮"多次钻到上钢五厂,每去一次就宣扬唯心主义,形而上学,打着唯生产力论的幌子,制造混乱,把政治与经济、革命与生产、民主与集中中对立起来,鼓吹"把革命搞好了,生产就自然而然就上去了"的反动谬论。

3. 由于"四人帮"、马、徐、王插手破坏,给五厂带来了很大危害,学风不正,弄虚作假,〈垮〉夸大成绩。在生产上,不讲管理,不讲责任制,造成事故增多,质量下降,品种交货不好;在工人阶级内部制造不和,造成车间之间、各厂之间关系紧张,互不服气。这里流传的一种说法是"一厂出人才(周洪宝、陈杏全等人都是来自一厂),三厂出钢材(原为大庆式企业,年年完成计划较好),五厂出秀才(指靠少数人写文章吹)”。

概　况

市革委会工交组机关现有工作人员 263 人，其中领导核心成员 9 人(黄涛、陈阿大、金传德、房延军、高崇智、唐光煊、翁儼偌、任锡康、史任远)，生产组 57 人，基建组 30 人，军工组 43 人，组干组 27 人，外经组 52 人，秘书组 45 人。

生产组 57 人，编制长期和年度的工业生产、交通运输计划，联系工业、交通各局的生产运输工作，调度生产上用的设备、材料和燃料、电力，抓技术革新和技术改造，管理技、措项目和费用，联系与兄弟省市的生产协作等。生产组负责人为唐光煊、葛〈恒〉衡、陈任之、范崇星。

军工组 43 人，负责军品生产(军用船只、电子设备由生产组管)、七〇一工程(人造卫星)、七〇八(大型客机)工程、电视工业生产等。军工组负责人高崇智、任锡康、王英金、严秀珅。

基建组 30 人，编制基本建设计划，审查重点项目设计，组织安排施工力量，管理基本建设的材料和设备，审查征用土地和拆迁房屋，联系市政、建筑各局的生产建设。基建组负责人为鲁纪华、李挺、姚国民。

外经组 52 人，负责对外经济联络工作，包括承担对外经援任务、科技合作任务、培训外国实习生任务等。外经组负责人为刘宽、金伯根、祝刚、郑宝兴、杨路。

组干组 27 人，负责干部管理、党的组织建设、审查和派遣出国人员，组干组负责人为史任远、邵子和、张以平。

秘书组 45 人，联系工交各局的学习马列和政治运动的情况，编写供领导参阅的简报“工交情况”，起草各种报告和会议材料等，管理文书档案，人民来信来访和机关后勤工作。秘书组负责人为翁儼偌、章杰俊、李家骝、章增。

出差上海(四)

上海冶金局安排 1977 年第一季生产指标

钢 80 万吨;铁 27 万吨,其中梅山 20 万吨,一厂 7 万吨;矿 5 万吨;焦 14.67 万吨,全是梅山,上海焦化厂不在内;材 64 万吨;电解铜 1.3 万吨;黄金 7 000 两;海绵钛 30 吨。

上海焦化厂:工交组安排 20 万吨(一季),其中用于高炉 3.8 万吨,平炉 1.7 万吨,转炉 11.4 万吨,铸造 3.1 万吨。

生铁暂安排 1 月份。

电:1、2 月份〈予〉预计不会好转,3 月可能好些。

措施:加强企业管理,加强设备维护,组织设备大检查,搞好安全生产,大力宣传降低消耗,采取有效办法把消耗降下来。通过揭发批判"四人帮"破坏生产的罪行,提高路线觉悟的基础上,把合理的规章制度〈建〉健全起来,多为国家增产钢和钢材。

1971 年利润、成本情况

	工业总产值(亿元)	利润(亿元)	产值利润率(%)	成本降低额(万元)	成本降低率(%)	全员劳动生产率(元)
1971 年	46.27	8.95	19.3	−14 322	−5.33	36 637
1972 年	49.77	9.06	18.2	−1 803	−0.64	38 074
1973 年	52.36	9.07	17.3	+496	+0.17	39 716
1974 年	50.68	8.64	17	+4 655	+1.66	38 366
1975 年	49.41	7.37	14.9	+6 368	+2.26	35 599
1976 年(〈予〉预计)	47	5.9—6	12.6—12.8	+7 500	+2.5—2.6	33 905

1976 年 12 月 20 日

座谈生产组领导问题。

参加人:梁新明、徐景元、杨颖顺、支仲余、俞树泰。

支:煤炭紧张,我要给唐光煊汇报,唐说现在工作不好干。11 月 16 日,报告送去后,18 日未发,20 日要再写,又写一报告,还没报。只是说,现在工作没办法干。

以后在星期二,各组碰头,唐下棋,我给报告送唐,唐不看,还要我和他下棋,结果碰头会也未开成。

唐说工作组指挥,我怎么干?

唐现在批示送:金传德、江岚……不承认工作组安排。

12 月 4 日物资局报告关于煤急件,5 日[是]星期天,我立即送唐光煊。我逼他,6 日才批出去。

山东拉小窑煤问题,11 月下旬我天天催唐要开会,一直未开成。

徐:唐当面向良图同志撒谎,有一次良图开会说抓生产,唐说我们一个星期一次,实际没有。

梁:唐最近一次大暴露,在一次核心组会议上[说],关于计划组借人问题,也不和我商量。我这个人什么人都可批评我,我坚决不当头,我已经准备小包袱,到公安局报到,我有什么问题,审查。

支:一天下棋时间有二三个小时,一天有十分之一时间下棋。

徐:唐的揭发批判,开始由三人写的,许多像样的材料都是翁俨偌提的,开始范崇星帮助写的,第二天快要发言,才看看,快发言了,要支部〈付〉副书记看看。

现在我们学习自流,工作、批判都须自觉。

别人说我,你还〈竞〉兢〈竞〉兢业业为唐光煊脸上贴金。

工交组成立我就来了,"四人帮"砸乱前,矽钢片上不来,影响机械工业太大,后来生产组童银梅直接给马天水。后来黄涛下令,不许给马老写报告,怕干扰大事。

杨:1. 10 月 14 日唐表示,粉碎"四人帮"是英明的,唐思想没转过来。

2. 唐对抓生产情况二天,以后不抓。

3. 唐继续要小聪明,唐说生产不好原因是因为电,电原因是电网问题,国家计委煤给少了。还说上海电还供外省呢!

4. 过去节约用电十条,这次要讲话,他要想拿十条去讲。

支:唐对当前运动有抵触。

俞:机关对唐意见,罄竹难书。群众说,唐改也难。耍滑头,想过关,两面派。三条线怎么搞?也不研究,实际生产组工作〈摊〉瘫痪。过去黄涛家长式统治,黄涛一倒,没头了,没地方讨论,没议,没决,没行。贴过一张大字报,对黄涛也没有什么揭发。批判稿我们替他写的，但他这期间下棋未断。

杨：这次出差〈戈〉葛衡谈二件事。

1. 黄涛要整他。

2. 去见王洪文时，给他灌醉了，什么事情也不知道。

杨：唐不下去到各局，乎加、良图同志批了，叫别人抓一下。唐弄虚作假，欺上瞒下。

下午，研究电负荷分配方案。

上海分电：负荷水平是目前实际 190.2 万 kW。

负荷分配初步方案

	负荷水平	%	按 152 万 kW 分配(74.7%)	%	按 144 万 kW 分配(69.6%)	%
工交口	130.5	68.1	97.4	64	90.78	63
农业口	15	7.8	11.2	7.4	10.4	7.2
财贸口	3.5	1.8	2.6	1.7	2.4	1.7
地区口	2.5	1.3	1.9	1.25	1.74	1.2
科技口	0.5	0.26	0.37	0.24	0.35	0.24
教卫口	0.5	0.26	0.37	0.24	0.35	0.24
其他负荷	4	2.1	3	2	2.8	1.9
照明	10	5.2	10	6.6	10	7.1
厂用电、线损	25	13.1	25	16.5	25	17.4
总计	191.5	100	151.8	100	143.78	100

农业用电避开二峰，可节省电 7 万 kW。保证用电，错开高峰(电量不减)。这 7 万作为工业的机动数。原材料中间储存的可避开高峰。

工交口，7—17 时可用 96 万 kW。

孙力余：

1. 按此表分下去。

2. 农业口避二峰，可出 7 万 kW。

3. 照明可节约出 5—6 万 kW。

4. 巧安排，节约用电。工交口分配给局，再分到厂。

5. 落实到厂、车间、班组。三天内。

6. 孙力余、〈戈〉葛〈恒〉衡、汪德芳、张国富(华东电管局)、郭连(市供电局)、虞云琴、顾根祥。

7. 节电办法,明[天]12:00 前拿出来。

8. 日考查,周分析,隔天报。

9. 周波保 48.5。

10. 30 万 kW 机组明天到厂,老张负责。

11. 工交组管电负责,老〈戈〉葛、虞云琴。工交组负责电〈戈〉葛〈恒〉衡、虞云琴。

12. 节电办公室人要及时发材料,检查。屡教不改的要有纪律。

13. 照明的郭连(供电局)负责。要政治挂帅,大搞群众运动,大力宣传。不能走钢丝绳,至少走平衡木,最好走地板。

良图:

1. 华东电网明年一季生产问题,1 月按 38 万 kW 生产,按 360 万分配,2、3 月份挖掘潜力,三省一市,平均造成一季 390 万 kW,要求安全,稳发。万一出大事故,1、2、3 月要[有]强力措施,不致造成乱拉。电力形势每月要有分析,赞成周波 48.5,确保用电周波用 47.5—48,否则两败俱伤。电煤、电油,工作组和电管局来抓。分两步,一季把电网收拾好,二季充分发挥。华东电管理在于有重大问题时可以召开三省一市开会,东北电网最大,华东电网第二。

2. 上海市计划用电。成立计划用电办公室,八个口用电,是最高的强有力的机构,市委支持,华车电网支持,水电部支持,国家计委支持。应负责把上海市用电搞好,管的 144 比不管的 152 可能用得更好,收效更大。有办公室五位同志。各口要有专人负责,厂里也有专人负责。组织上要落实。工交口、工交系统请葛〈恒〉衡同志组织起来,其他口由孙力余组织起来,不是挂名,要出来做工作,厂里要有领导同志专门负责。每月分一次电,电与生产相结合。电少一点可靠。

大量的宣传工作。

上海八大口,每个口都有经验。

日常的监督检查问题,由计划节[约]办公室搞好。乎加同志对工交组领导人严厉批评。唐光煊感到上海供其他省电,上海用电少,其他省用电多,吃亏了。错误思想要批,影响其他同志,这是工作阻力,绊脚石,与马、徐、王性质上是一样的。

会后写一个小报告给林乎加同志。

孙力余：

1. 吃亏论要批。

2. 批怕麻烦，经济工作越做越细。

下午，半连轧工程情况汇报。

上钢一厂许宽钧：1970 年初设计，上海冶金设计院设计。一年零八个月中板投产，中板 10 万吨，薄板 60 万吨。1970 年 11 月动工，今年已六年。

机电一局：半连轧机组共重 1.1 万吨，其中中板 0.53 万吨，薄板 0.57 万吨。中央工作组要求，明年上半年完成。五个厂五种产品。

唐光煊：明年上半年大部分可搞好。

1. 施工问题。

2. 设备问题，除开卷机问题大（双卷），54 吨×2 台。半连轧上的慢主要是“四人帮”破坏干扰，我们工作也没抓紧。

上钢一厂田善章：

1. 9 月 28 日要试车，26 日试验时，可控硅炸一个柜子，主要连轧机开不了，可控硅要花力量。

2. 通风机，大电机到 58℃时火花太大，需改动。

3. 厂房太小。

4. 坯料问题，现坯料厚 150×1 050，需改坯料 120×1 050。

5. 今年上半年停车 8 小时以上 30 小时。

6. 备件问题。半连轧全部需备件 1 100 吨，其中急需 380 吨。

7. 劳动力培训问题。

半连轧工程指挥部万玉连：

1. 无法大面积施工，要早下手。

2. 设备问题。

3. 成立领导小组，组织上落实。

4. 这车间（半连轧）是我国第一个制造的，应从中吸[取]经验教训，市里应抓。这个车间有严重缺陷，如地基下沉。把“四人帮”破坏的，我们抢回来，这是自力更生建的。① 一切经过试验。② 发动群众。

冶金局游刚强：

1. 建议成立领导小组。

2. 搞技术攻关，拟定进度，把现有设备充分利用起来。

3. 基建上去后，本车间要达到板卷 60 万吨能力，还有些问题。

良图：1974 年计划会议上我亲手写个文件，关于设备、投资、技术、施工……我写给黄涛、陈士鹤，黄涛又退回来。为什么黄涛不看？就因为余秋里同志关心这件事。更主要是他们早就反党，反中央，反国务院，反国家计委。这是个神秘项目，不许看，不许查，不许帮。当成响应华主席号召来完成这次任务。归纳几个大问题抓好。

问题分二类：

1. 一类在上海轧机指挥部就可以解决的，机电一局、仪表局等单位可以解决。

2. 一类问题，上海“四人帮”余党说假话，吹牛，抹掉，需外部帮助的，不要拒绝。如活套，压下问题。建议请钢院、鞍钢、一机部轧办，解决之。

电气部分，可控硅，请天传所。特别在技术攻关，要请全国有关地方共同来攻关。如果同意，我们〈衔〉牵头，立即组织起来。

3. 缺件、补套问题，在工交组统一领导之下，立即组织起来。

4. 工程进度，明年 6 月底前专门组织短促突击下来。统一方案。如中板先统一观点，然后再搞技术改造。设计有问题，可请冶金部几大设计院。上海处理后果需 4—5 年(擦屁股)。进度抓紧。

5. 全面开工后，坯料问题由市冶金局和罗琪同志商量解决。

1150[①] 是悬案。

轧辊问题如何解决。

组织会战指挥部，5—7 天拿出报告。

1976 年 12 月 24 日

下午，文教口批判马、徐、王、朱永〈家〉嘉、王知常。

---

① 原文如此。——整理者注

新华社上海分社揭批“四人帮”插手。

写作组经济组：朱永〈家〉嘉利用经济调查攻击周总理。

理论队伍揭批“四人帮”、马、徐、王。

上海师大揭发“四人帮”：谈话记录讨论。

上海京剧团揭发江青的画皮。

上海人民出版社“朝霞”出版社：“四人帮”控制“朝霞”罪行。

上 钢 五 厂

书记：华国瑞。

〈付〉副书记：刘卓恩(办公室)。

〈付〉副书记：谭明(生产)。

〈付〉副书记：邵国庆(生产)。

〈付〉副主任：王树棠。

〈付〉副书记：朱世成。

朱世成：1958 年建立，发展较快。正式职工 1.55 万人，党员 2 200[名]，团员 2 300[名]，工程技术人员 570 人。“五七”连队、外包工、临时工，共 4 000 人。全厂总面积 127 万平方米，建筑面积 43 万平方米，固定资产 2.4 亿，流动资金 1.8 亿—2.0 亿。全厂 车间 24 个车间部门(其中 17 个总支，7 个直属支部)。

一至四车间，其中炼钢 4 个，一车间 5 吨电炉，二车间 10 吨电炉，三车间第二中心试验室。一车间年产钢 16 万吨，二车间年产钢 30 万吨，三车间第二中心试验室，四车间转炉 8 吨侧吹×7，35 吨化铁炉×5，四车间年产钢 50—52 万吨。全厂最高年产量(1973 年)101.27 万吨，(1975 年)100.3 万吨，(1976 年)86.5 万吨。

五车间开坯车间，750×1，年产 45 万吨坯，吃锭 20 吋＝2.2 吨。

六至九，热加工车间×4，① 400；② 300；③ 十车间(18—20％组距)；④ 五车间 430/300 中型(22—65％组距)。十二车间(500 轧机)，组距 75—130％。八车间(锻钢车间)，生产盘环件，1 吨锻锤×1 台，3 吨锻锤×3 台，5 吨锻锤×1 台，1 250 吨水压机×1 台。

十至十二，六车间，冷加工车间×3，生产管、带、棒，壁厚 0.3—70 M/m；十三车间，带钢，厚度 0.05—2 M/m，宽 20—400 M/m；九车间，冷拉样材，8—

45 M/m,炭工、合工、合结、滚珠、轴承、弹〈黄〉簧、不锈[钢]、纯铁、高温、钛合金、铸造合金,十一个大类,都能生产。

各种规格钢材,32 万吨/年(去年最高产量),今年也可达到 32 万吨/年。总产值 5.7 亿(1973 年)、5.6 亿(1976 年)。

1. 机动部,检修、水、风、电、供应。

2. 运输部,承担本厂运输量 40%。大火车,专用线,彭浦站;汽车;船,200 吨驳船×10。

3. 供应科,负责各种原材料供应。

4. 基建科,负责房屋维修,小措施,1 000 多人(其中本厂 800 人)。

综合利用:废旧利〈废〉用。

煤气站:负责全厂煤、油供应。OT13 型炉(60 m^3)×12 台(煤气烧炉)。5 000 吨油库×2。

第一中心试验室:普钢,一般特钢,检验。

子弟小学一所:学生 500—600 人。

托儿所一所。

成品库:100 多人。

技校:400 人(学生),150 人(教职员工),计 550 人(每学期毕业 200 人)。

全年钢 100 万吨,其中电炉 50 万吨,6〈寸〉时锭;转炉 50 万吨;高温合金 3 000 吨。

钢材 32 万吨,其中轴承钢 5 万吨,高速工具钢 6 000 吨,不锈钢 5 000 吨,弹簧钢,合结钢,炮弹钢。

主要产:管、棒、丝、带、〈炳〉柄、环、盘。(板主要是三厂,以板为主。)中小型,多样化——五厂(一厂:供钢原料,160 万吨/年)。

电炉钢自己平衡还不足。1965 年钢 46.7 万吨/年;1973 年钢 101.27 万吨/年;1975 年 100.3 万吨/年;1965 年轧钢 9.8 万吨/年,挖潜,改造;1975 年轧钢 32 万吨/年,挖潜,改造。

挖潜:炼钢,吹氧。制氧机,1 500 m^3、6 000 m^3、6 000 m^3。

① 加大功率。② 加快冶炼速度,10 吨电炉,原 5 000 kW/年,现 9 000 kW/年。③ 扩大炉膛产量。

5 吨电炉现在装入 16 吨。

加工：靠改变燃料结构，从煤到油。退大炉，还是烧煤气。

钢的品种，质量。

现在三分之二停电炉。

一车间，上午 7:00—晚 22:00，停电炉×2。二车间，上午 7:00—晚 22:00，停电炉×4。

电极消耗：8.5%（正常 6.5—7）。

电消耗：575—580 kW/吨钢。

问题：缺电。

750 车间：均热炉，大坑 8，小坑 6。冷锭加热 3—4 小时，400—500℃加热到 1 000℃。

积压钢锭 5 万吨。

750 车间，来锭 20 万吨，轧到 120—240 M/m。

500 轧机：500 轧机×3 机驾，年产 14 万吨，规格 75—130 M/m。

四车间：8 吨×7 转炉，耗钢铁料 1 390，最好 1 260。

二车间：电炉 10 吨×6，5 吨×1，年产 30 万吨。

全厂用电 6.5 万 kW，拉电 3 万 kW。

1976 年 12 月 25 日

华主席在第二次全国农业学大寨会议[的][讲][话]。

1977 年战斗任务：

首先开展揭发批判“四人帮”的伟大群众运动，是 1977 年的中心任务。要立场坚定，旗帜鲜明，充分发动群众，造成声势，从政治、思想、组织上打一场人民战争。

当前的战役是揭发“四人帮”篡党夺权的阴谋。接着要揭发他们反革命面目和罪恶历史；再搞揭批他们反革命修正主义路线的极右实质及在各方面表现；还要从哲学、政治经济学和科学社会主义，从理论上把他们批倒批臭。

各条战线都要以党的基本路线为指导，通过切实调查研究，总结历史上和文化大革命中正反两方面经验。弄清自己战线的具体的路线和具体方针政策。

继续搞好教育革命、文艺革命和科技革命。

我们同“四人帮”的矛盾是敌我矛盾，这一点必须有清楚的认识。

参与“四人帮”活动,陷进去的是极少数,受“四人帮”影响,做了错事是多数。要区别对待,正确处理两类不同性质矛盾,但不管〈那〉哪一种都应当向党、向人民说清楚。

第二,加强党的建设。要以加强党的集中统一领导,加强党的民主集中制,发扬党的优良作风为中心的[内][容],在全党进[行]一次马克思主义教育运动,把我们党建设得更好。

党内不允许派别和秘密组织活动。关于农村的整党整风会议已经作了部署。准备在明年适当时进行全党整党整风。

要坚决认真慎重地解决由于“四人帮”所造成的某种程度思想、组织、作风上的不纯。还要适应形势的发展,加强各级革命委员会的建设。明年各省要召开人民代表大会。

第三,深入开展农业学大寨、工业学大庆的群众运动,努力把国民经济搞上去。要充分发动群众,下大决心,花大力气,首先把农业,也要把轻工交通运输搞上去。开展技术革新,〈先〉掀起抓革命促生产的高潮,为“五五”后三年大发展做好准备。中央已经决定明年五一前召开工业学大庆会议。建立合理的规章制度,提倡为革命学技术,又红又专。要关心群众疾苦。

第四,进一步把群众学习马列和毛主席著作的群众运动推向新的高潮。告诉大家一个好消息,“五卷”明年上半年就可以和大家见面了。

中央、地方、各部门都要把理论工作抓好,要培养建立理论队伍,要办好各级党校,办好“五七”干校,把“四人帮”破坏的学风、文风恢复过来。

明年是大治的一年。

1976 年 12 月 28 日

上午,参观地下隧道,1974 年建,全长 2 700 米,高 30 米。存在问题:① 渗水 100 吨/日;② 结尾工程大。

下午,上海市党员干部大会。

苏振华:华主席的讲话代表了亿万人民心里的话。讲几点意见:

第一,华主席讲话是指导我们当前[工][作][的]纲领性文件。

第二,进一步掀起学习马列主义、毛泽东思想的新高潮。当前要学好十大关系和华主席的重要讲话。认真学习十大关系，作出规划。

第三，要把华主席重要讲话精神，贯彻到各项工作中去。上海一小撮余党，过去对毛主席、党中央指示，拒不执行。

要注意那些利用党的宽大，潜伏下来，东〈方〉山再起。要批判资产阶级派性，增强无产阶级党性。

为什么连续三年完不成国家财政计划？要开展农业学大寨、工业学大庆的群众运动。

1976 年 12 月 29 日

上午。

良图：① 25 日以后，来煤又不好。京浦线始终 550 车。25 日发出电报。上海和安徽之间运输问题。

② 供煤问题

社会库存 13 万吨（其中炼焦 6 万吨），工业 7 万吨，民用 7 万吨（市 3，郊 4，15 天），合计 27 万吨。

哲一：上海一年需 2 000 万吨燃料，如何全面考虑。

电报：关于煤炭运输问题的紧急报告

国家计委、铁道部，抄送上海市革委会、上海铁路局：

我省两淮煤炭生产形势很好，1—26 日淮南产煤 74 万吨，淮北产煤 85.86 万吨，26 日两淮高产，共产煤 11.86 万吨。但铁路运输 1—26 日只发运 117 万吨，其中电煤的发运只完成月计划的 47.8%。27 日淮北只装煤炭 300 车，除了保上海，我省■■难保。现芜湖电厂 6 万千瓦全停，铜陵电厂停 1.5 万千瓦，马鞍山电厂停 6 000 千瓦，三线 325 等厂即将停产。但两淮煤炭大量落地，如此情况不迅速改变，两淮煤矿和电厂均将被迫停产，上海也无法保了，情况十分严重。除我们已告蚌埠分局及各地市抓紧卸车，要求铁道部迅速帮助解决运输问题，我们要求淮南必须日装车 624 辆，淮北日装车 566 辆，才能维持最低需要。请即复电。

安〈灰〉徽省革委会

1976 年 12 月 27 日

良图：1. 三天排空按 450 车。

2. 对安〈灰〉徽的问题，我们传过去。

3. 蚌埠分局首先保上海。确保 8 000，争取超发。

4. 年底库存 10 万吨(煤炭公司)。

① 山东 200 车(10 000 吨煤)，其他 250 车。

② 安〈灰〉徽，今天 18:00 日运 8 000 吨。蚌埠分局。

1977 年 1 月 1 日

到上海车站参加劳动。

集装箱，1 吨钢板做 5 个，1.5—2 m/m。

1977 年 1 月 2 日

参观第一次党代会会址。

全国各地推派十二名代表出席第一次党代会。毛泽东，湖南(28 岁)。董必武，湖北，1975 年逝世。王尽美，山东，1925 年牺牲。邓恩铭，山东，1931 年牺牲。陈潭秋，湖北，1943 年牺牲。何叔衡，湖南，1935 年牺牲。李汉俊，上海，1927 年牺牲。张国焘，北京，后来当了反革命，叛徒。刘仁静，北京，后来当了反革命，叛徒。陈公博，广东，后来当了反革命，叛徒。周佛海，留日学生，后来当了反革命，叛徒。李达，上海，1966 年 8 月病逝。

望志路 106[号](当时)。

兴〈叶〉业路 76[号](现在)。

大会召开四天，法帝密探从后门〈街〉闯进，代表转移，法帝特[务]等几分钟[后]包围，转到嘉兴的游船上。

房址：……

房主：李书成(1958 年去世，李汉俊的哥哥)。

参观鲁迅墓和纪念馆。

① 1956 年纪念鲁迅逝世 20 周[年]时建馆。

② 毛主席题词“鲁迅先生之墓”。

③ 鲁迅故居，子周海婴，爱人许广平。

1977 年 1 月 3 日

上午，上海市传达贯彻第二次全国农业学大寨会议精神干部大会。

我们 66 位同志参加了农业学大寨会议，会议期间三次见到华主席、叶〈付〉副主席和其他几位中央领导同志。

华主席在讲话中讲到，一度为“四人帮”称霸的上海，成为埋葬“四人帮”的汪洋大海。

会议情况四个方面：

一、这次大会具有十分重要的意义。

代表 5 008 人。

“四人帮”不要上海学大寨，马、徐、王说工作队先回来的是造反派，后回来的是保守派，不回来的是走资派。

这次大会是以毛主席思想统帅[的]大会，这次大会是团结胜利[的]大会。

二、紧跟华主席，深入开展农业学大寨。

三、响应党中央号召，深入揭批“四人帮”。

“四人帮”上台就是资本主义复辟。揭发“四人帮”破坏社会主义建设的罪行。

四、总结交流了农业学大寨[的]经验。

1977 年 1 月 4 日

下午，上海焦化厂。

四座焦炉：

65 孔×2，年产设计能力 45 万吨×2；42 孔×2，年产设计能力 30 万吨×2；合计 150 万吨。1976 年实际 118 万吨。

供焦：上钢一厂 1 000 吨/日，上钢五厂 400 吨/日，上钢三厂 600 吨/日，铁合金厂 120 吨/日，化工局 420—450 吨/日，吴〈松〉淞化工厂 100 吨/日。

日产焦 3 100—3 200 吨。

八个车间：

生产车间：① 配煤车间；② 炼焦车间；③ 回收车间；④ 苯精制车间；⑤ 焦油精制车间；⑥ 炭黑车间；⑦ 机修车间；⑧ 动力仪表车间，中心试验室 100 人。

14 个独立支部,全厂 3 600 人,其中技术人员 100 人。13 个科室,生产计划科 13 人,其中调度 9 人;生产技术科 5 人;劳动工资科;财务;基建科;质量检验科 48 人;供销科;设备科 6—7 人;三废办公室。

产品 120 种(已经生产过),50 种(经常生产)。

1. 焦炭,1976 年计划 114 万吨,增产计划 125 万吨,1976 年实际 118 吨。

2. 煤气,1976 年计划 36 000 万立方米,增产计划 40 000 万立方米,1976 年实际 38 800 万立方米。

3. 焦油,1976 年计划 5.6 万吨,增产计划 6 万吨,1976 年实际 6.35 万吨。

4. 硫氨,1976 年计划 1.8 万吨,增产计划 2 万吨,1976 年实际 1.78 万吨。

5. 纯苯,1976 年计划 2.4 万吨,增产计划 2.6 万吨,1976 年实际 2.12 万吨。

6. 甲苯,1976 年计划 5 200 吨,增产计划 5 500 吨,1976 年实际 4 500 吨。

7. 二甲苯,1976 年计划 1 350 吨,增产计划 1 450 吨,1976 年实际 1 012 吨。

8. 工业苯,1976 年计划 8 000 吨,增产计划 9 000 吨,1976 年实际 8 829 吨。

9. 苯〈芬〉酚,1976 年计划 500 吨,增产计划 600 吨,1976 年实际 547 吨。

10. 炭黑,1976 年计划 1 960 吨,增产计划 2 200 吨,1976 年实际 1 734 吨。

11. 噻〈吩〉酚,1976 年计划 2 000 公斤,增产计划 2 500 公斤,1976 年实际 722 公斤。

12. 粗蒽,1976 年计划 1 500 吨,增产计划 1 500 吨,1976 年实际 910 吨。

13. 冶金焦,1976 年计划 108 吨,增产计划 118 吨,1976 年实际 112 吨。

配煤:淮南、新汶(气煤),55%;枣庄(肥气煤),20%;淮北(瘦),25%。

冶金焦:转鼓 312,灰分 15.81—16.58,硫 0.655—0.704;固定炭 83.55。

	配煤灰分	焦炭灰分
1965 年	8.88	11.74
1966 年	8.93	11.77
1967 年	9.86	12.89
1968 年	9.33	12.39
1969 年	9.90	13.31

1970 年	10.83	14.34
1971 年	10.64	14.30
1972 年	10.81	14.34
1973 年	11.83	15.45
1974 年	12.62	16.86
1975 年	11.69	15.47

灰分增加或减少 0.5%，价格上涨或下降 1%，要求均匀度。

松格林大转鼓分析：鼓内 312.8 公斤；大于 25%，44.4 公斤；10—25%，21.4 公斤；小于 10%，31.4 公斤。

问题：

1. 指挥系统不健全。

2. 管理比较乱。生产操作有章不循。

3. 设备差，设备完好率 64%。四大车，推焦车×3；6 吨吊车长期只 3 个马达（应 4 个）；炼丝车×5，其中 2 个不能[用]；炼焦车×2（1 台坏）；加煤车×1（坏 1）。备品备件不足。

4. 事故多。

5. 新工人多，教育跟不上。

鼓风机×4，700 立方米/分，每台都有问题。

1977 年 1 月 6 日

上午，上钢三厂。

上海一、二、三、五钢厂，冶金机修总厂，二机修，支援唐钢厂 300 人（已去 140 人）。现恢复生产，又帮助培训。

上钢三厂情况（原陈大同厂长）：19 000 人，加上临时工、外包工，共 20 000 人，其中技术人员 300 人，生产车间 9 个。

1. 平炉车间。平炉 70 吨×2（设计）公称，32.64 m^2（炉底面积）。10 吨×2（解放前西德进口）。现 100 吨×2（装入量）。

年产 27 万吨，37 万吨（1976 年，用氧）。日产 1 200—1 500 吨，12 炉—15 炉/日。

平炉[车][间]职工 1 000 人。

炉龄,766 炉(用氧后最高),500 炉(平均),2 000 炉(去年上半年)。

2. 转炉车间,1 900—2 000 人。转炉,原 8 吨×6 座侧吹,已改[为]现 25 吨×3 座顶吹。1970 年改造,1972 年投产。1973 年生产 73.2 万吨,1974 年生产 60 万吨,1975 年生产 69 万吨,1976 年生产 64 万吨。

化铁炉,50 吨×4。

3. 电炉车间(老转炉车间 1956—1962 年改造),700 人。5 吨×4,3 吨×3。1975 年[产]11 万吨钢。

4. 铸钢车间。5 吨×2 电炉,产量 5.7—6 万吨/年。生产铸钢件,2—2.3 万吨/年,铸钢件最大 200 吨。

钢年产量,1975 年 124.1 万吨(历史最高水平),1974 年 110 万吨,1973 年 122.2 万吨,1972 年 95.8 万吨,1971 年 95.7 万吨,1970 年 88.7 万吨,1976 年 117.3 万吨。

钢材,轧钢车间 5 个。商品材,1970 年 65.9 万吨,1971 年 76.7 万吨,1972 年 87.1 万吨,1973 年 92.8 万吨,1974 年 85.5 万吨,1975 年 84 万吨,1976 年 81.9 万吨。

主要品种,板钢;中板钢,5—22 m/m;薄板钢,0.35—1.5 m/m —2 m/m。原 0.35 是名牌,现在生产不出来。

原八个名牌都破坏了,过去"免检"。

5. 薄板车间,年产 14 万吨。品种越来越少,质量越来越下降。原经验最多,现在下降最大。

薄板,1973 年 15.3 万吨,1976 年 13.4 万吨。

6. 冷轧车间,产量 6 000 吨/年。1976 年高温不锈板,冷轧 5 400 吨,热轧 14 900 吨。

7. 开坯车间,630 m/m 轧机,年产 55 万吨,1974、1975 年改造,1976 年 58.4 万吨。

8. 型钢车间,年产……

第一厂,角钢、槽钢、工字钢、轻轨。轻轨,18 公斤,12 公斤,24 公斤(曾经生产过)。型钢,1973 年 21.8 万吨,1974 年 23.5 万吨,1975 年 18.4 万吨,1976 年 20.6 万吨。

第二工厂,生产螺纹钢(18—32 m/m)。圆钢,1973 年 21.8 万吨,1974 年

19.7 万吨，1975 年 18.1 万吨，1976 年 15.6 万吨（改造自动化）。

9. 中板车间，2 300 轧机。原是劳特式三辊轧机，开档 2 300。现改[为]四辊轧机，开档 2 300，1971 年改造。

钢板，1.6 米宽，6 米长。

1970 年 17.5 万吨，1971 年 22.4 万吨，1972 年 29 万吨，1973 年 31.5 万吨，1974 年 35 万吨，1975 年 32.2 万吨，1976 年 29.2 万吨。

中板为什么下来？①“四人帮”干扰。② 停产事故多，今年四个月中停工占一个月，无备件。“四人帮”只讲产量，不讲配套。

以上是五个轧钢车间。

辅助车间：

1. 供运车间，4 000 人，运输主要靠码头水运。

2. 机电车间，2 000 人，负责全厂动力供应，机械设备加工。

3. 铸铁车间，600 人，铸铁件 13.9 万吨（钢锭模）。

4. 制氧车间，6 000 m^3 ×3，另计划再搞一台 3 350 m^3 ×1。

5. 水泥车间，利用钢渣，400＃以上，年产量 3.5 万吨。

技工学校，400 人[的]学校（过去曾[达]到 1 000 学生）。

定额用焦炭，转炉口号（11 月份提出），炼品种，保质量，降消耗，抓管理。原来不肯炼，口号提出后，炉炉出品种。

10 月份，炼品种炼不出来，抓后，11 月份炼油桶板 8 000 吨，质量也好。

转炉，焦耗 1976 年平均 216 公斤/吨钢。

转炉，钢燃料消耗，1 187 公斤/吨钢（1976 年 12 月），12 月 1 162 公斤/吨钢。

下午，异型钢管厂。

1976 年计划 8 500 万吨，实际 9 700 万吨。1977 年计划 8 500 万吨，〈予〉预计突破万吨。

1976 年品种计划 273 种，实际 550 种。1977 年品种计划 560 种，力争 600 种。

1977 年重点抓岗位责任制，经济成本核算。

1977 年 1 月 7 日

上午,上海玻璃厂。

华主席要求玻璃 4 公分。

现在需要建三条线(原有一条线)。

10 月 15 日听到打招呼会议,16 日传达给船员,16 日下午开船去大连,17 日晚传达到 48 个旅客、100 多船员,并召开声讨大会。上海知道后,要就地抛〈描〉锚,拂晓港监上船,说你们不能进港,并气势汹汹说,没有信号不能进港。等于扣压我们船。无线电话再三联系,市委说:"叫你们政委下来"。我们认为问题大,召开支委会,第二次又叫我们。

1. 不准进港。
2. 撕大字报,自己与上海〈连〉联系。
3. 旅客做工作。
4. 接受地方党委领导,否则犯错误。

1. 给中央、部写报告。
2. 增加三〈付〉幅标语。
3. 三条决定。

8:20 通知准许进港,这是中央、交通部通知的。

因大连港欺骗群众,船员大怒。刷到 13 部汽车上,"打倒四人帮","打倒毛远新",刷到旅大市委。四个便衣〈井〉警察跟着。

二致旅大市委公开信。

毛远新派到旅大 23 人之一曹凯。曹凯喊反动口号。

1977 年 1 月 12 日

上午,上海铁合金厂。

1. 办了学习班,学习主席十大关系和华主席重要讲话。短期轮训。学大庆抓班子,班组建设好。材料之一,谈、议、批。情绪高,老工人情绪更高,老工人说:你们干部现在不抓,等待何时。出勤率 86%。六车间比较好。周〈洪〉宏宝爱人在铁合金厂。

2. 工业学大庆。去年已完成任务，但消耗高。抓班组，抓技术表演竞赛。七项指标，一季抓增产节约。厂里班子抓思想建设。有些干部还不敢抓。二车间最乱，天天有事故，9 个炉。二车间出矽铁，是最关键车间。

厂三个薄弱环节：① 电耗高。1976 年比 1975 年[多]消耗 3 973 万度(合人民币 300 万元)。电耗，过去 8 080 度/吨钢，去年 13 000 度/吨钢。② 原料管理，材料消耗。③ 设备事故多，设备管理混乱。浪费大，消耗高，管理乱，事故多。

陈阿大到冶炼厂问，你们是抓革命促生产，还是抓竞赛促生产。

比革命，赛进步；比干劲，赛贡献；比团结，赛风格。

1975 年逐月提高，1976 年逐月下降.

马天水说：① 岗位责任制能出雷锋、孔宪凤(红卫兵)？② 共产主义思想高于岗位责任制。

文化大革命以后，马天水从来没有讲过抓生产管理。

马天水的帽子公司也是很厉害的。

六车间，1975 年开展岗位责任制，其他车间都冲掉了。六车间贯彻始终，岗位责任制是群众的自觉。

有的干部说：你给我 5.4 元(〈付〉附加工资)，我保证把生产搞上去。

马天水搞节日加班问题大。国务院规定双薪，上海改了。工人意见大，工人问上海有什么权力修改国务院规定。

1975 年计划 8.15 万吨(历史最高)，实际 7.0 万吨。

主要生产三种

	计划	实际
矽铁	28 476	20 898
Si Mn 铁	13 271	8 676
炭 Mn	1.1 万吨	11 539
中低炭 Mn	4 500	4 193
Si ca	748	695
微炭铬	4 500	5 197
中低炭铬	3 460	3 372
炭炭铬	8 910	9 340
Si 铬	4 461	3 975
结晶硅	837	1 024
超微炭	408	411

钼铁	144	180
钒铁	185	78 承德北 901 吨,V205
铝铁	—	340
高炉 Mn 铁	600	81
氧化钼	—	4(试制)

1976 年计划,8.5 万吨。

Si 铁,2.645 4 万吨。

一季计划,Si 铁,45%,1 140 吨;75%,4 881 吨。

正常需电,5.3—5.5 万 kW。1 月 3 日开始,4 万 kW。实际用电 3.5 万 kW。

电炉:

2 万 KVA×1,600×1。

1 万 KVA×2,700×2。

5 000 KVA×2,32 m^3高炉×2。

2 300 KVA×6,400 KVA 真空炉。

1 300KVA×2。

800KVA×1。

1 200KVA×1。

700KVA×2。

问题:

1. 电不足,影响 Si 铁。

2. Mn 铁,需基建。

3. Mn 矿,八个地区来矿,粉多。低温富集 40%,然后再炼。

1 吨矽钢片需,60 公斤矽铁。

1 吨矽钢片需,40 公斤矽铁。①

1977 年 1 月 13 日

上午,上海市农业学大寨闭幕会议。

---

① 原文如此。——整理者注

彭冲同志：

农业学大寨会议开了十一天，今天会议结束了。大会赞颂了华主席丰功伟绩，批判了“四人帮”罪行。上海形势大好，标志是群众发动起来了。

“四人帮”的要害是三搞一篡。

1977 年 1 月 15 日

上午，工交组批斗黄涛、陈阿大。

黄涛：我向同志们交待，我紧跟“四人帮”。

一、我干了大量坏事，罪行累累。我利令智昏，过去没有把这些豺狼认识清，他们放个屁，我可唱台戏。

1. 1973—1976 年计划会议上做“四人帮”的帮凶，一次比一次猖狂。

着重交待 1976 年，为“四人帮”急先锋。狂叫“务虚会”。

重点是国家计委。

马天水要我抓财政、外贸……等部。马天水说计委、财政部的三三四办法要反对。

我向王洪文说谷牧〈付〉副总理发言很不像话。王洪文说好不了，一批邓就批到他们头上了。

我和杨春甫密谋都是在吃饭后，在京西宾馆大院进行；动员 16 个省市领导，也没有效果。

没办法，我要上海代表攻财政，攻物资。

第五手有打有拉，对一机部马仪拉，我说你大胆讲。对顾明也想拉，但人家根本不听我那套。

我就是要扭转会议方向。

我的阴谋没得逞，“四人帮”反党阴谋败露。

王洪文说你的报告有两处修改，一是风源问题，务虚会都拉掉；一是少数人问题要修改。以上是我严重罪行。

2. 1975 年 11 月计划会议。

也是王洪文精心策划，王说这次会是攻上海。这次会是既要摆成绩，多听少讲，打太极拳。一场大争论不可避免就是了。

在飞机场时，我说：有昨晚这碗酒垫底……

一磨二顶三争,破坏会议。

1975 年计划会议,“四人帮”罪恶目的反对周总理。

1976 年计划座谈会,“四人帮”罪恶目的反对华主席。

我犯的罪行,不可饶恕。

我作为反党的勇士,沾沾自喜。1973—1976 年,我作为反派、反革命,代表上海出席计划会议,是各省市的一霸。

二、我[的]严重罪行集中表现了“四人帮”的吹鼓手、急先锋、干将。“四人帮”破坏革命,破坏生产。1974 年“四人帮”破坏批林批孔。

批邓,王洪文说上海要跟上。张春桥说,最大走资派要点名了。

要打倒一大批。

以上是破坏生产的交待。

去年国家计委要工业学大庆总结材料时,我说,现在批邓,方向不对头。

三、“四人帮”大搞反革命大串连,我是小丑。

张春桥到上海小组说,你们批邓劲头,不如在上海了。

江青 2 月 20 日来到上海小组,一进门大叫,我是上海派,说是关在笼子里。江青把辽宁魏秉奎找去了。

9 月 9 日,王洪文打来电话说毛主席逝世,要做水晶棺,越快越好。到 15 日又说,水晶棺慢慢搞,因遗体能不能保存好是第一位的。

参加策划反革命暴乱。马振龙说中央出修正主义,我要造反。陈阿大说要大干,中干,小干。朱永嘉说,还有我……我也参加干了。

廖祖康一个电话,我可团团转。

我的错误是严重的。

长期主持工交工作,我破坏了工交。

华主席提出十二个为什么?我为什么一个为什么也提不出来?我有一个为什么?就是利欲熏心。

金传德:你讲过,我不做假共产党员,我准备〈作〉坐牢。你和“四人帮”关系,到北京多少次,你交待的是众所周知的。朱永嘉从北京回来,攻击中央领导同志,怎么安排亲信,一个一个安排。总理逝世拉汽笛为什么要追查?

会场动态:① 很少记录;② 黄涛像报告;③ 群众气愤不大。

下午，批斗黄涛、陈阿大。

1. 外事活动方面：

① 去年6月底阿代表团查尔查尼飞机刚降落后，原计划当天晚宴请，黄涛与马、徐、王和王洪文到一边开黑会。总理做工作。

② 原〈订〉定[晚]7:00接外宾，到时间陈阿大还在家里打羽毛球。

③ 陈阿大对越南代表团说中国橘子比越南好吃，越南同志说各有各的味道，陈还强调中国的好吃，越南同志很反感。陈阿大和越南同志说，广东的花和越南的一样，越南同志说，不一样。

④ 万体馆，原900万元—2 700万元，最后用3 300万元。万体馆是王洪文反对周总理批示的。

⑤ 1974年计划会议时，进口15套化肥设备，黄涛说上海1975年底自[己]搞出一套，在大会上表态。国家计委同志说，一个省市搞一套有困难，是否几个省市一同搞。把这个情况告诉黄涛，黄涛说，我料到他们会这样干的。黄涛表示，进口15套是投降卖国。

⑥ "争投资也是一种斗争"，这是黄涛在谷〈付〉副总理说了以后黄涛说的。

⑦ 黄涛和陈绍昆勾结得相当密切，还和吉林吕连江勾结也很密切。

⑧ 批邓反击右倾翻案风时积极。死老虎指的谁?

⑨ 批邓分三条线，朱永嘉从理论批，黄涛从经济方面批，王秀珍从组织批台阶论。

⑩ 王、张、江、姚是主席、〈付〉副主席，还有毛远新、迟群、谢静〈一〉宜进政治局没问题，政治局左派〈站〉占多数，事情就好办了。这是陈阿大说的。

⑪ 国家计委要一名青年干部，黄涛说，部委都急了，老中青，装装门面。

⑫ 黄涛挑拨离间，当金传德来时挑拨何建军的关系。黄涛说：鲁纪华、〈戈〉葛〈恒〉衡有病，不行了。

许萌：三点意见。

1. 下功夫学习，掌握思想武器。改造自己世界观，核心组本身带头学习好。

2. 继续发动群众，一件一件揭发调查清楚。明天面对面斗争。专案斗争与群众运动结合。

3. 机关一些领导干部,过去说过错话,干过错事,要在斗争中亮思想。

下周召开扩大核心组会议。

1977 年 1 月 17 日

上午,上海市区县局党员负责干部大会。

彭冲:今天市委召开区县局党员干部会,主要传达中央二个电报和运动安排。本月初我们三人到中央汇报上海工作。

电报,林乎加同志调任委员、常委、书记、革委[会]〈付〉副主任。严〈右〉佑民、王一平、毛联珏、车文仪、陈〈景〉锦华、赵行志。

倪志福:传达华主席、叶〈付〉副主席关于上海工作的重要指示。1977 年 1 月 5—6 日,中央政治局听了我们三人关于上海工作汇报。

华主席、叶〈付〉副主席、先念、锡联、登奎、东兴、吴德、永贵、桂贤同志。

华主席指示。关于形势问题,华主席讲我感觉到这次处理“四人帮”问题,中央政治局站得高、看得远,进行是顺利的。所以形势大好。听了上海的汇报,上海的形势也[是]大好的,是大好形势的重要标志。对上海的形势,你们的看法与政治局的看法是一致的。

这一段一步一步的进行,比较稳妥,成绩很大,上海确实比我们〈予〉预计的好。我们原来准备人家闹事的(注:“人家”指“四人帮”余党),“四人帮”他们说十年之功毁于一旦。过去他们掌握领导权,当然得听他们的,他们依靠小兄弟、地痞、文痞控制上海。他们不仅掌握机关,还有工会、青年团、妇联、民兵指挥部等来加强他们资产阶级的控制。不是说民兵不好,而是他们另搞一套。什么写作组也是他们控制,思想上受他们的毒素比较深。他们利用报纸、刊物、广播,利用他们的《学习与批判》,散布修正主义谬论。所以,上海确是“四人帮”的根据地,谁都不能碰他。他们要控制全国,反正叫你乱我不乱。他们说学大庆是一个点,我上海是一个面。他们搞什么学大寨,他们野心要夺权。我为什么说这个呢?我们把前面揭发问题整理出来,就看清楚他们的罪恶了。看清后,把道理讲清,就可以看出我们的胜利。我们当然不能自满,要谦虚谨慎,不骄不躁。你们向中央写个报告,要提高到思想路线上来写上海的胜利。

在谈到形势大好的原因时,华主席说,取得胜利很重要一条是高高举起毛主席遗志,遵照毛主席遗志办事。“四人帮”问题揭露出来后,我们先打招呼,又公布了二项决定，后来又发了二项文件(15、16 号文件)，在上海人民中起了很重要作用。我们同“四人帮”斗争性质越来越明确了，确实我们继承毛主席遗志，在那个文件中指出我们和“四人帮”斗争实质。

在打招呼会议上，马天水听了我谈话以后，他说说服力不够，我们拿出[张][春][桥][的]“2 月 3 日有感”，他就震动了(指马)。张春桥有感〈倒〉到底矛头指向谁？指向毛主席吗？16 号文件中，把毛主席批他们的话用了好几段，就有力量。

江青不总是代表毛主席身份出现么！我们就用毛主席的话揭露她，毛主席说她不能代表毛主席。我们就是用毛主席批示揭露“四人帮”，作用是大的，所以我们取得了胜利。

我们采取了正确的方针和政策，要马、徐、王来京，对他们进行耐心细致教育，给他们时间，等待他们觉悟。

我们依靠上海人民、上海工人阶级、上海的解放军，我们相信把情况告诉人民群众，“四人帮”是搞修正主义的，人民群众就不会再跟他们跑了。一开始看起来好像上海乱了一点，实际不是乱了我们，是乱了“四人帮”，是向“四人帮”及其余党冲击，实〈再〉在好啊！广大群众对“四人帮”愤恨像火山一样爆发出来，这〈再〉在好啊！

上海三条船去大连，在船上写了大标语，进了港就批“四人帮”，还点出了辽宁还有毛远新。这个消息实〈再〉在好啊！我听了实〈再〉在高兴，这些工人实〈再〉在好。〈像〉向上海工人阶级致敬。

以前“四人帮”说人家不打自倒，一轰就跑，现在上海他们自己就是不打自倒，一轰就跑。群众还没去打，他们就要求派人来，我们发动群众揭批“四人帮”以及马、徐、王，这个部署好。他们自己不是说，马、徐、王还有群众吗，通过这个阶段一批，他们把群众脱离光了。这样一来极端孤立，我们取得了胜利。我看了上海的漫画实〈再〉在高兴，上海一面有人画画，一面有人给出主意，建议怎么画好，群众当中实〈再〉在有人才。这样大的冲击，生产没有下降，工人阶级觉悟高啊，要依靠工人阶级，要向群众讲清，我们是继承毛主席遗志办事的，是按毛主席革命路线办事的。

关于当前工作，华主席讲，当前工作我在学大寨会上都说了，同意你们的今后工作安排意见。不要自满，要继续清查他们的罪行，肃清他们的流毒，把毛主席培育的优良传统恢复起来。

总之，思想上不能松懈，要兢兢〈叶〉业〈叶〉业、踏踏实实。叶帅讲要加强战备，我们还要解放台湾，上海造船工业占全国近一半，要为解放台湾贡献力量。

关于充实加强市委领导班子问题，华主席讲，我们政治局同志不多，到上海去了两位，又从南京调了彭冲同志，这表示政治局的决心。所以，希望你们要兢兢业业的搞好各项工作，继续发展胜利，把我们的党建设好，在揭发批判“四人帮”斗争中来整顿党。对马天水等人的处理，现在不是最后组织处理。现在要把市委班子健全一下，不解决不好，同意你们解决，便于你们工作。

鉴于你们的要求，中央同意你们的意见，林乎加同志留下当书记，严佑民同志留下当书记，王一平同志留下当书记，杨富珍同志原来就是上海的常委，调回上海，陈〈景〉锦华同志也可以留下。

关于中央国务院来的工作组同志，请先念、登奎同志说一下，去上海的100多位同志先不动。

要加强对民兵工作的领导，王洪文能抓民兵典型，我们为什么不能把民兵抓好。把他那套批了，我们按毛主席革命路线搞，要抓典型，为什么不能搞好呢？

组、办、区县局这个班子，有的实在不行的，时间不要拖长了，拖久不行，你们那里有问题的大企业也不要拖长了。久拖不决，也会伤害上海群众积极性，拖长了也会出其他毛病。我们要好好把区县局解决好，大企业、关键性的单位要处理得快。

关于干部政策问题，华主席讲，干部总的要依靠本地的。中央派少量干部去是可以的，要注意政策，只要不是参与阴谋，有点错误，批到一定程度，你们帮助说一点话，不要揪住不放。

要按毛主席五条标准选拔干部，要注意老中青三结合。中青你们要注意一下，要注意区别二类不同性质矛盾，属于人民内部矛盾还是“惩前毖后，治病救人”。在整党整风中，让这些同志搞一点自我批评，接受教育。〈致〉至于那些贪污犯，你们把他搞清楚，这些人好处理。对干部，毛主席说要高抬贵手，对新老干部都要这样。干部总的是好的和比较好的，要注意上海本地干部，要注意文化大革命起来的干部，要注意发现积极分子，当然要看群众的反映。

叶〈付〉副主席指示：

上海是个工业城市，文化教育发达。上海这个城市很复杂，这个城市是国内外交往的地方，是多年帝国主义租〈借〉界，是蒋介石起家的地方，也是工业、贸易集中的地方，也是地痞、流[氓]集中的地方。振华同志讲了，一月风暴后，领导权落在“四人帮”手中，他们又控制了全国文化舆论工具，欺骗工人，欺骗群众，利用他们小兄弟，控制他们工矿企业。同志们去的时间不长，成绩很大，砸乱了“四人帮”的黑窝，把他们基本上粉碎了。他们妄图稳住上海，搞乱全国，乱中夺权，他们依靠他们的爪牙，组织群众发动起来了，群[众]是好的，“四人帮”的罪行是通过上海的马、徐、王贯彻的。上海的政策方法是稳妥的，批判“四人帮”和他们的爪牙，要从理论上批判，要把批判的水平提高，上海有这个水平。你们要组织工人起来参加斗争，发现积极分子，主要依靠上海工人阶级，要改造利用团结知识分子，发挥他们作用。

上海文教系统也要发现积极分子，知识分子中也要选拔。

上海是“四人帮”基地，这一点没问题了吧！他们要篡党夺权没问题了吧，把部长、大使都安排好了，所以“四人帮”原来就是黑帮。

华主席在农业学大寨第二次会上讲话讲三个继续，是完全正确的，要抓紧选拔干部，破字当头，立在其中，毛主席讲破是讲道理，不是谩骂。前几年我在长沙向毛主席汇报工作，说过今后打仗像斯大林格勒战役那样，外围、内部、地面、地下都要有准备。今后战争有原子弹，要对付，大城市要争夺，城市里要深挖洞，要打地道战，上海要深挖洞，要像封神榜的土行孙战术。听说上海水位比较高，敌人来个八师，一定要把它消灭。今后要搞地下演习。

要注意本地干部，注意发挥本地的条件。上海建立班子要注意调查，要作风正派，伸张正义。要训练干部，要坚持按三要三不要的基本原则，不要搞〈认〉任人为亲，要搞〈认〉任人为贤。不要那些打小报告的，即小动作，告状，不要依靠他们来建设社会主义。打小报告的人无非是名利两字，控制不住自己的私心杂念。要扶植正气，压倒邪气，我们的党要有正派的干部，要建立正派的作风。

华主席抓上海、保定。上海派你们三个人去，上海过去渣滓很多，要〈一〉宜将剩勇追穷寇，不可沽名学霸王。

政治局其他领导同志讲:

在华主席的领导下,上海的形势是好的。好就好在华主席为首党中央及时采取有力措施,你们发动群众,大张旗鼓做是对的,已经做出成绩。上海形势比原来设想的好,马天水他们错误估计形势,他们认为自己有威信,可以控制他们。其实你不搞马列主义,不搞团结,不搞光明正大,什么人也不行,群众就起来造反。马、徐、王三人主要是马天水,当然上面还有"四人帮"。王洪文与王维国的关系是联在一起的。对马、徐、王这样处理是正确的,现在到这样搞的时候了。对上海问题不能低估,上海搞独立王国,不是现在搞独立王国的,早就搞独立王国。他们就死心了?不会死心的,你们要提高警惕,防止阶级敌人反扑。

"四人帮"及上海余党,他们在上海搞了那么多年,要把他们搞臭,还要花功夫。有些大厂、基层还有小兄弟,两头小中间大的三类的分析是正确的,发展是顺利的,要注意做中间工作,这是靠路线、靠政策。我们与"四人帮"斗争是你死我活的斗争,心不软,手也不软。上海的工人阶级不愧为无产阶级,上海的群众是好的,干部的大多数是好的,相信上海人民,抓住上海工人阶级(华主席:也相信那里的解放军)。

政治路线确定之后,组织路线要跟上,宁稳不滥。要把忠于党、符合五项条件的提上来,要通过群众路线,要谨慎,看中了的就要提,看不准的要过渡一下,不要别人一说好话,就把他搞上来,干部的班子要经过斗争和群众的考验。你们要强调全国的统一和中央各部搞好关系,过去中央各部都不敢去上海,那个金山卫工程谷牧同志讲话,还是讲了许多好话的。这是因为国务院没发通报,还是把国务院骂了一通。今后上海要服从中央统一领导,中央要发挥地方积极性,地方一定要服从中央统一领导。

过去上海阶级路线有问题,1967 年张春桥讲老工人就是既得利益阶层,这个话发明人是张春桥,而不是陈伯达。

上海这个地方对"四人帮"的假象有影响,譬如"四人帮"是理论家,是文革的先进分子,对这个问题不要轻视,要做工作。运动中也可能漏下个别坏人,这个不要紧,有重点就有一般,有区别就有政策,要巩固和发展大好形势。

苏振华:

同志们,则才倪志福、彭冲同志传达了中央领导同志指示,现在我说怎么贯彻。1 月 4 日我们三人向党中央汇报了上海情况，党中央、华主席、政治局同志作了重要指示，同意了对马、徐、王、王少庸采取措施，同意了上海建立了班子。对加强一元化领导，对“四人帮”上海余党斗争进行到底，对发展大好形势，有重要意义。

我们坚决拥护中央极为重要[的]指示，并为坚决贯彻到今后工作中去，不〈估〉辜负华主席、党中央期望。

三个多月来，上海形势同全国一样大好，越来越好。好就好在以华主席为首的党中央对上海采取一系列措施，非常及时、英明、正确。批“四人帮”群众运动已发动起来了。这个“四人帮”经营多年的上海，今年已经成为埋葬“四人帮”的大海，已取得初步胜利。

但华主席指示我们不要自满，要戒骄戒躁，要从思想上、经济上、组织上肃清影响。王洪文小兄弟清查出来，把领导权真正掌握在无产阶级手里。艰苦斗争还在后头，还要做大量艰苦细致工作。所以决不能骄傲自满，〈吊〉掉以轻心，决不能松懈斗志，要按华主席指示，〈竞〉兢〈竞〉兢业业，踏踏实实，作好工作，去争取胜利。

中央批准对马天水停职审查，对徐景贤、王秀珍离职审查，王少庸同志不参加常委。这个决定非常正确，非常必要，这个决定反映上海一千万人民的愿望。大家都知道，马、徐、王参加“四人帮”篡党夺权一系列阴谋活动，在“四人帮”粉碎后，还要搞武装叛乱，抵抗以华主席为首的党中央，他们罪行是十分严重的。从中央打招呼会议到现在已两个多月，一再给他们时间，等待觉悟，同“四人帮”彻底决裂，虽然他们也交待一些问题，但到现在他们还没从根本转变，特别参与“四人帮”篡党夺权的要害问题，没有根本交待。马天水态度更坏，故意装糊涂，搞小动作，躲躲闪闪，避重就轻。王少庸问题也很严重，交待很少，群众要求采取措施。广大群众干部要求对他们采取措施是正确的。现在对他们还是留有很大余地，对他们继续教育、挽救，给予希望，希望他们不要一误再误，错过机会，彻底转变立场，老老实实接受批判，认真接受教育，与“四人帮”决〈列〉裂，脱胎换骨，要认罪〈负〉服罪，回到党和人民的立场上来，这样我们还是欢迎的。

任何人利用党的政策的宽大，继续玩弄花招，蒙混过关，搞所谓合法斗争，都是行不通的。何去何从，到了迅速选择的时候了。

冯国柱、张金标同志的错误也是严重的,一面接受群众批判帮助,一面揭发交待问题,一面积极工作,以实际行动改正错误。

中央对林乎加等八位同志[的]任命,正是加强了市委的领导班子,是中央非常重要[的]措施。我们常委同志认真学习讨论华主席指示,大家决心团结在以华主席为首党中央周围,要继承毛主席遗志,要搞马克思主义,要团结不要分〈列〉裂,要光明正大不要搞阴谋诡计,一切行动要听华主席指挥,调动一切积极因素,把上海各方面工作努力做好。

关于常委分工,充分讨论,具体分工:周〈春〉纯〈林〉麟分管警备区、民兵、人防;林乎加分管计划、工交、郊区、财贸、科技;严佑民分管公安、政法、地区、专案;王一平分管组织、宣传;毛联珏分管市委办公室、市委直属机关;车文仪分管报刊、电台、新华分社、写作组;陈〈景〉锦华分管文化、教育、体育、卫生;赵行志分管外事、统战;杨富珍分管工会、青年团、妇女群众组织工作。

我们要按华主席提的1977年四项战斗任务执行。

中央下了很大决心抓上海,对我们工作寄〈与〉予很大希望。我们上海有毛主席革命路线指引,有华主席党中央领导,有上海广大群众的支持,我们有信心,也必须把上海工作做好。

市委班子解决了,但市委以下的组、办、区、县、基层的班子也要着手按老中青三结合原则,有计划有步骤地解决。

继承毛主席遗志,把毛主席革命事〈叶〉业进行到底。

关于班子问题讲几点意见:

一、始终要把学习马[列][主][义]和毛主席著作摆在首位。我们的斗争需要马克思主义、华主席指示,无论揭批"四人帮",还是把工作搞好,把国民经济搞上去,都必须学习马列、毛主席著作,学好无产阶级专政理论。用毛泽东思想指挥战斗,统帅我们工作。过去"四人帮"及上海一小撮余党,长期以来反对学习马列和毛主席著作,控制舆论阵地,大量散布修正主义谬论,把人们思想搞乱。不认真读马列和毛主席书,就不能分清什么是马列主义,什么是修正主义,就不能从理论上把"四人帮"批倒批臭,做工作就没有方向。各级领导班子不论工作再忙,任务再重,一定要把认真看书、学习、反修正主义作为根本任务,任何时候不能放松。一般下面比上面学得好,一般干部比领导干部学得好。把学习订出制度,持之以恒,每个领导干部每周要拿出半天来学习。

目前首先要学好：① 毛主席光辉著作，“十大关系”；② 华主席的重要讲话；③ 通读五卷，然后有重点一篇一篇学。

要办好五七干校，要认真抓好。

不断总结推广群众认真看书学习先进典型、先进经验。

二、要抓好运动。

要把批判“四人帮”运动作为今年的中心任务，一定要抓好。我们是初战胜利，我们要〈一〉宜将剩勇追穷寇，不可〈估〉沽名学霸王。通过运动，不断提高对[批][判]“四人帮”的意义〈和〉的认识，是中国共产党及其领导下的革命群众与国民党斗争的继续，是无产阶级与资产阶级斗争[的]继续，是马列主义与修正主义斗争[的]继续。

四人帮迫害毛主席和周总理，猖狂推行反革命修正主义路线，把上海作为篡党夺权复辟资本主义[的]阵地。如果阴谋得逞，党变修，国变色，毛主席的革命事〈叶〉业就有付之东流的危险。所以关系到国家命运，你死我活的阶级斗争。所以要认识斗争的意义，要对“四人帮”深仇大恨，旗帜鲜明。同“四人帮”斗争到底，还是旗帜不鲜明、消极、落在群众后头，是对每一个干部考验。要按照华主席、党中央〈布〉部署和群众站到一起，不获全胜，决不收兵。

斗争中，各级党委掌握大方向，斗争矛头对准“四人帮”和上海余党。

“四人帮”在本单位散布[过]什[么]流毒，干了什么坏事，造成了什么后果，要调查研究，不能把中央文件传达一下了事。“四人帮”在各行业、各单位造成的后果是各有不同的，有些单位在思想上、路线上、经济上、组织上、行动上都进行调查研究，梳〈便〉辫子，一步一步深入。另方面情况在不断变化发展，王洪文小兄弟有的不死心，负隅顽抗，造谣言，要注意阶级斗争新动向，不断分析本单位斗争形势。

要把运动抓好，既要抓面上工作，又要抓典型，解剖麻雀，既要有一般号召，又要有具体抓。这样运动才能搞好。

经过分析分几种情况：

一种比较好的，班子与群众一起揭批“四人帮”，说错话，做错事，主动领导，取得运动领导权，工作、运动就热气腾腾，占 30%左右。

一类与此相反，有些干部背包袱，精神不振，领导脱离群众，运动冷冷清清,占20%左右。

还有一类,处于中间状态,领导领导运动畏首畏尾,软弱无力,生产搞不上去,占50%左右,甚至多一点,50%—60%。

领导的责任就要总结一类的经验和二类的问题,对中间的要促使深入一步。运动的发展是波浪式的,要总结好的单位,帮助差的单位,带动中间的。好单位不要自满,要兢〈竞〉兢〈叶〉业〈叶〉业,要戒骄戒〈燥〉躁。差的单位要赶上去。中间单位要向一类看齐。

三、要进一步发动群众打一场深揭猛批"四人帮"的人民战争。

进一步发动群众问题,领导要相信群众,依靠群众问题,要从思想上解决怕群众的问题。在斗争中提高马列主义水平,在斗争中加强与群众联系。对群众的意见要采取支持态度,当然也可能出现这样、那样情况,要对群众说服,不能高压、打击报复,更不能挫伤群众积极性。

运动要有战果,开批判会,使同志们思想一个一个解决提高,生产有所上升。批要批出水平,工作、生产要有新的起色。每前进一步,使同志们都能有收〈护〉获。运动持续下去。

四、认真执行党的政策。贯彻执行政策不能〈吊〉掉以轻心,要扩大教育面,缩小打击面,对犯错误的要[采][取]惩前〈必〉毖后、治病救人的方针,缩小到"四人帮"和一小撮不肯改悔的死党。允许人家犯错误,也允许人家改正错误。要欢迎群众批评帮助。不要因为犯错误了抬不起头来。要放下包袱,轻装上阵。要一看二帮。

"四人帮"在上海一小撮余党,为"四人帮"喊冤叫屈,社会上的继续活动的地富反坏分子要坚决打击。

揭发出的材料线索,未有旁证前,不要轻易下结论,不要轻信材料。

五、在斗争中整顿党的作风,加强党的思想建设。

要把我党建设好。长期以来,"四人帮"破坏党建设严重,破坏民主集中制,……懂得"四人帮"破坏党建设的危害性,要懂得无产阶级党性和资产阶级派性。各级党委要首先做到华主席提出[的]七条,一条一条检查。

干部中要做到三个正确对待,不能只在口头上,要首先做到。严格讲三个正确对待,这是世界观问题。那些一贯正确的不是马列主义者。

六、坚持抓革命,促生产,促工作,促战备的方针。

工业学大庆、农业学大寨群众运动正在兴起。把生产抓起来，特别[是]今年计划完成[的]好坏，对今后三年关系很大，今年是五年计划第二年。建立大寨县，各级建立又红又专的抓生产的班子，搞运动和搞生产的要分开。要搞岗位责任制，参加劳动，要关心群众疾苦。

这次回北京汇报，华主席、叶〈付〉副主席非常重视，作了很高评价。

彭冲：组织传达到支部以上。

叶培元（计划调度组），吴泉坤（计划调度组），乐可权（计划调度组）〈付〉副组长。

上海市委文件 2 号

通　知

经中共中央 1977 年 1 月 10 日批准：

马天水停职审查，徐景贤、王秀珍离职审查，继续到群众中去接受揭发批判，把问题彻底交〈代〉待清楚。

王少庸不参加常委，继续接受群众批判教育，彻底交待问题。

中共上海市委员会

一九七七年一月十六日

上海市委文件 3 号

通　知

经中共中央 1977 年 1 月 11 日批准：

林乎加调任上海市委委员、常委、书记，市革委会委员、常委、〈付〉副主任；

严佑民调任上海市委委员、常委、书记，市革委会委员、常委、〈付〉副主任；

王一平任市委委员、常委、书记；

毛联钰、车文仪、陈锦华调任上海市委委员、常委；

赵行志任市委委员、常委，市革委会委员、常委、〈付〉副主任；

杨富珍调回上海，仍任市委常委，市革委会〈付〉副主任。

中共上海市委员会

一九七七年一月十六日

1977 年 1 月 19 日

上午,冶金局谈钢材问题。

几年来,下降最大是线材,能力有,吃不饱。为什么拉线材?没有很好安排。

二厂:线材需一厂锭,1976 年一厂半连轧 20 万吨中板,影响二厂线材。1977 年缺 13—14 万吨 10 号钢锭。每年按线材数量下达到厂,其中焊条钢可说明。线材能力,一车间 36 万吨,四车间 15 万吨—16 万吨,合计 51—52 万吨,1976 年实产 41 万吨,1975 年实产 45 万吨。所以半连轧上去一点,线材下来一点。

三厂:钢 124 万吨(1977 年计划),材 86 万吨(1977 年计划),成材率 77%(板子多些)。用钢 111 万吨,铸钢水 3 万吨,计 114 万吨。这样,多余 10 万吨钢。外调多余钢很困难,冶金局调动不了钢锭。

例:1976 年 2、3 月份二厂线材需钢,三厂钢多余 5 万多,冶金局领导出面(梅鹤钧同志,常委、革委〈付〉副主任),要调 0.5—1 万吨,厂里上推下推。最后,二厂停产了,这个钢还未调给。就在这个时期,三厂和无锡搞协[作](换汽车、机床),用 10 号锭换。二厂等米下锅,三厂钢锭给无锡,无锡又运到二厂加工钢材。冶金局管不了厂,局计划调度组意见,钢锭不给无锡,机床也不给三厂,但局陈大同同志不同意,江岚同志也说怕影响关系。

矽钢片,能力 12 万吨。一厂炼钢,二厂开坯。矽钢片厂生产(高矽是机修总厂炼)。上海 1975 年矽钢 11 万吨,全国 1975 年 19.5 万吨,上海占全国 55%。1976 年完成矽钢片 8.3 万吨。矽钢片厂,一车间两台轧机,4 万吨/年;二车间四台轧机,8 万吨/年。现一车间全停,二车间开工,以前开两台。原因,缺坯料。

原矽钢片是机修总厂炼高矽 6″锭,一厂炼低矽 8″锭,由上钢十厂四车间开坯(500 轧机),再运回矽钢片[厂]轧矽钢片。现在上钢一厂生产钢,二厂开坯,这样运输合理。

矽钢片 1976 年计划 10.5 万吨,实际 8.3 万吨,主要是坯子影响,但坯子是个安排问题。

上海的冶金工业发展规划问题,1977 年[钢]370 万吨,1977 年[钢]283 万吨(实际 310 万吨)。钢少,坯其次,材能力大,宝塔形。

开坯一方面能力不足,另方面能力放空。

钢一方面少,一方面又多,因不对路,大锭多(20″),连铸坯多(150×1 050 m/m,上钢一厂)。

总之,没有综合平衡。

上海应当多搞品种,灵活一些。

三厂调不动。

三厂自己浇平炉扁锭(300 m/m 厚),自用多余,要他们生产 10″锭,不生产。连铸坯 150×280,自用多余。生产 10″锭就活了。

1977 年钢 370 万吨,借钢水 6 万吨,实际 364 万吨,成材率 78%,钢材 283 万吨。

其中轻轨 3.6 万吨,大型 1 万吨,中型 36.6 万吨,小型 56.9 万吨,线材 43 万吨(其中焊条钢 6.5—7 万吨,1976 年实际 6.02 万吨),带钢 12.69 万吨,中板 45 万吨,薄板 21.3 万吨,矽钢片 8 万吨,优质材 30.93 万吨,无缝 10 万吨,焊接 14 万吨。去年全国 52 家焊条厂停产。

一厂二转炉 1975 年二季 4—6 月改造问题影响焊条钢,未改造前年产 63 万吨钢,改造后年产 42.6 万吨。为什么改造后,产量、品种都减少?焊条钢主要这个车间生产,每年 8—10 万吨不成问题,1977 年 3 万吨焊条钢。

现在搞 6 个转炉,3 种工艺,一种空气侧吹,一种氧气侧吹,一种空氧混吹。

拿大生产设备搞试验,把产量试光了,把三分之一产量试光了。你说他,他说你不支持新生事物。

冶金局领导支持(大同同志)。

锭,220(10″),180(8″),150(6″)。

冶金部:对换 6—7 万吨钢锭,上半年落实 3 万吨钢锭。上海冶金局调出 20″钢锭给天津,冶金部调入 150 m/m 钢锭给上海(攀钢、包钢、鞍钢)。

1977 年钢 370[万][吨],材 283[万][吨],平衡结果缺 10″锭 10 万吨—13 万吨,6″锭 6—7 万吨,钢材能力 310[万][吨]。

放空:

二厂线材,能力 52 万吨,现 44 万吨,放空 8 万吨。

矽钢片厂——矽钢片,能力12万吨,现8万吨,放空4万吨。

上海钢管厂、上海劳动钢管厂——焊管,能力15.5万吨,现14万吨,放空1.5万吨。

新沪——中小型,能力42万吨,现36万吨,放空6万吨。

上八厂——中小型,能力25—26万吨,现23万吨,放空3万吨。

上海冷轧——中型,能力9万吨,现7万吨,放空2万吨。

小计,22.5万吨。

给150 m/m锭就可以(1 150生产出来的)。

锭——材,78%。

总:缺锭。① 22.5坯相当锭30;② 平衡缺锭,16—19;计46—49万吨,不包括半连轧(已算20万吨)。

缺锭坯原因:

因素:① 每年有5万吨非计划炼钢,掉队,混炉,混号钢锭。对号入座。② 1976年吃库存多(钢锭)。1976年钢351,材280,要求补充库存3—4万吨。冶金局库存钢锭有15万吨。③ 20″钢锭多4万吨。一厂连铸坯多4万吨。生产30万吨/年,需用25—26万吨,所以多4万吨连铸坯。

以上三笔合计17万吨。

去年接转钢材13.6万吨,今年继续交货。

1977年1月19日

晚,金山石油化工总厂。

全厂共18套装置,已开14套。

一厂,长压蒸馏,原油分离,乙烯(11.5万吨)。

二厂,聚乙烯醇,丙烯腈,氰化钠,乙醛,醋酸,硫氰酸钠。

塑料厂,高压聚乙烯,吹塑薄膜。

维纶厂,维纶纤维,甲醛。

腈纶厂,腈纶纤维。

(基建)涤纶厂。

附属厂,水厂,电厂,污水处理厂,机修厂。

共十个厂，全厂职工 30 000 人。

一厂乙烯装置〈付〉副产品“碳四”，每天产 110 吨，罐满(900 吨)运不出去，罐能力 1 700 吨。奉贤县桥坏。因一厂不能满负荷，影响塑料厂，每天产能力 220 吨，现日产 110 吨，开一条线，否则一条也开不成。二条线需运兰州三〇四厂，需压力槽车。

“炭四”作合成橡胶用。

计划建橡胶车间，需 2 000—3 000 万元。

工人不愿停车。

二条线年产 6 万吨，产值 100 万元/天，3 亿/年。停一个月二条线，[损][失]3 000 万元。

21 日在塑料厂召开工业学大庆经验交流会。

星期天出一事故，发电厂一临时工清扫，一铝片抛到变压器线上，造成 0.19 秒[停][电]，影响 200 万元。

1977 年 1 月 20 日

夜宿金山。

上午，陈山码头。

引桥，570 米，泊位引桥 5.4 华里，水深 12 米，职工 600 人，建港共用二年。油罐，5 万立方米×2，已用；3 万立方米×2，正建。年需原油 250 万吨(设计)，日需原油 7 万吨(设计)，日需原油 4 万吨(现在)。潮差 4.5 米。

腈纶厂，五个车间。① 回收车间(已开)；② 聚合车间(已开)；③ 南纺车间(安装中)；④ 北纺车间(今晚开车)；⑤ 毛条车间(试过车)。年产 4.7 万吨腈纶，相当[于]3 000 万亩棉田。维纶 3.3 万吨，腈纶 4.7 万吨，涤纶 2.2 万吨，[共]10.2 万吨。全厂 4 076 人。

腈纶由三种单体组成，丙烯腈、丙烯酸甲脂、甲基丙烯黄酸钠。

一季北纺全开，二季南纺全开。

腈纶，大庆，5 000 吨(国产)；兰州，8 000 吨(进口英国)；上海二化纤，2 000 吨(国产)；淄博，5 000 吨(〈再〉在建，国产)；金山，47 000 吨(国产)。

备品备件问题大，泵(各种)都没有备品，马达也没备件。

日本进口有二年备件,国产的没有,也没有渠道。

毛条车间,年产 1.1 万吨毛条。

维纶厂,三个车间都开,原液车间、纺丝车间、整理车间。年产维纶 3.3 万吨,全厂 20 条线,已开 2 条,每三天开一条。原料从二厂聚乙烯醇。短纤维,18 条线(作衣服);长纤维,正安装中(织网、缆绳)。

1977 年 1 月 22 日

上午,上钢十厂,杨永贵。

七个生产车间:四个热轧车间,二个冷轧车间,一个镀锡车间。

一车间开坯,420/300,200 方。三车间热轧带,折叠。五车间热轧带,折叠。二车间冷轧。七车间冷轧。六车间镀锡。四车间热轧卷带(原开坯,现已改造为卷带)。

全厂 3 350 人。

1976 年产值,计划 1.65 亿[元],实际 1.672 9[亿][元],上交利润 2 600 万元。

四车间(热轧卷带)改造,计划投资 840 万元,去年改造用 619 万元。

每天拉电,日需 7 000kW,分配 4 000kW,不能保证。

七车间:① 5 连轧—5 机架(4 辊),辊面 ϕ300,工作辊 ϕ120、压力辊 ϕ320。生产 0.1—0.12—0.16 m/m 中小铜轴电缆,年产 8 吨/日。用户,小细轴,郑州电缆厂、西安电缆厂、沈阳电缆厂、四川五零四厂。② 三连轧,辊面 600 m/m,生产马口铁、彩色电视栅网(鞍钢普 C 钢),从 3 m/m 轧到 0.24—0.27 m/m—0.16 m/m。年产 1 万吨。

一车间,430 m/m 开坯,三个机架,为三、五车间供坯。6″锭轧到 16(厚)×200(宽)m/m。五厂供锭。加热炉一个。年产 20 万吨。

二车间,4 辊冷轧机×4,工作辊 ϕ160 m/m,压力辊 ϕ400 m/m,辊长 600 m/m。生产马口铁坯料,年产 8 000—10 000 吨。鞍钢来坯料 3 m/m,压到 0.24—0.27 m/m。单机轧七道。小轧机×3 台,辊长 350 m/m。

五车间,热轧带钢,年产 12 万吨。

六车间(镀锡车间),电镀一条线,年产 3 万吨设计能力,1976 年实产 2 000 吨。热镀二条线,年产 1 万吨设计能力,1976 年实产 4 000 吨,无原料。1974

年产 10 000 吨。塔式光亮退火,年产 12 万吨。热镀锡产品规格,0.24—0.27 m/m。镀锡量,每箱 0.75 磅(半吨多)。热镀,每吨单耗锡 30 公斤。电镀,每吨单耗锡 8 公斤。鞍钢供原料,2.5—520 m/m,供应不足,现供 6 000—10 000 吨/年,要求 20 000—30 000 吨。取样,100cm^2 含有 0.1 克锡,与 0.75 磅相对应。

问题:① 进口镀锡板,500 元美金/吨;进口冷轧原板,277 元美金/吨。277 元美金,卖给上钢十厂 1 400 元/吨。上钢十厂生产镀锡板,1 600 元/吨,但加工成本 300—400 元/吨。② 国产镀锡板,食品工业不愿用,所以长期不能提高质量。鞍钢原板质量不合格,合同要求 2.5 m/m,实际来货 3.8—4.5 m/m。

上钢一厂半连轧,5 机架,昨晚生产 90 卷/班,每卷 1.8,厚度 3—3.5 m/m。

上钢八厂,四个生产车间。① 一车间开坯,430×2/300×4,用五厂四车间 6″锭和连铸坯 140 方。② 二车间,小元,ϕ8—14 m/m,360 m/m×2,220 m/m×7,以优质为主。③ 三车间,以角钢为主,槽钢、异型钢等,最高年产 18 万吨。360 m/m×2 架,320 m/m×1 架,300 m/m×3 架。④ 四车间,小扁钢,220 机架×7 架。⑤ 机修车间,机床 20—30 台,6 米龙门刨×1 台,滚齿机×1 台。全厂职工 2 100 人,年产钢材 27 万吨(1973 年),20.3 万吨(1976 年,受电影响)。全厂 6 个地方不到 80 亩地,场地小,是几个小厂合并的。

1977 年 1 月 23 日

13:20 乘 14 次火车回北京。

1977 年 1 月 24 日

9:10 到北京。

后　　记

本书由李海文、刘建平负责整理、编校。

图书在版编目(CIP)数据

中国当代民间史料集刊. 10,王守家工作笔记:1976 年 10 月—1977 年 1 月/华东师范大学中国当代史研究中心编. —上海: 东方出版中心,2016. 8(2025. 3 重印)
ISBN 978-7-5473-0995-7

Ⅰ. ①中… Ⅱ. ①华… Ⅲ. ①中国历史-现代史-史料-1976-1977 Ⅳ. ①K270. 6

中国版本图书馆 CIP 数据核字(2016)第 168927 号

中国当代民间史料集刊 10

出版发行: 东方出版中心
地　　址: 上海市仙霞路 345 号
电　　话: 62417400
邮政编码: 200336
经　　销: 全国新华书店
印　　刷: 上海万卷印刷股份有限公司
开　　本: 710×1020 毫米　1/16
字　　数: 203 千字
印　　张: 13　　插页: 2
版　　次: 2016 年 8 月第 1 版　2025 年 3 月第 2 次印刷
ISBN 978-7-5473-0995-7
定　　价: 48.00 元